La búsqueda de Dios

A. W. Tozer

Contents

Introducción

Es aquí un estudio magistral de la vida interior de un corazón sediento después de Dios, dispuestos a comprender al menos las afueras de sus caminos, el abismo de su amor por los pecadores y a la altura de su majestad inaccesible- y fue escrito por un pastor ocupado en Chicago!

Quién podría imaginar David twentythird Salmo de la escritura en la calle de Halsted del sur, o una inspiración del hallazgo místico medieval en un pequeño estudio en el segundo piso de una casa en ese tablero de ajedrez vasto, plano de calles sin fin

Donde se cruzan los caminos llenos de vida
Donde suenan los gritos de la raza y clan,
En guaridas de miseria y necesidad,
En umbral sombreado oscuro con temores,
Y senderos donde se esconden los Señuelos de la codicia...

Pero así como el Dr. Frank masón North, de Nueva York, dice en su poema inmortal, así que Sr. Tozer dice en este libro:

Por encima del ruido de lucha egoísta
Escuchamos tu voz, hijo 0 del hombre.

Mi relación con el autor se limita a breves visitas y amorosa comunión en su iglesia. Allí descubrí a un erudito hecho a sí mismo, un lector omnívoro con una notable biblioteca de libros teológicos y devocionales y que parece quemar el aceite de la medianoche en la búsqueda de Dios. Su libro es el resultado de la larga meditación y mucha oración. No es una colección de sermones. No se ocupa con el púlpito y la banca, pero con el alma sed de Dios. Los capítulos podrían resumirse en oración de Moses, "Muéstrame tu gloria" o signo de Paul, "¡ Oh la profundidad de las riquezas de la sabiduría y el conocimiento de Dios!" Es teología, no de la cabeza sino del corazón.

Hay penetración profunda, sobriedad de estilo y una catolicidad de outlook que es refrescante. El autor tiene algunas citas pero él sabe los Santos y los místicos del-siglo-Agustín, Nicolás de Cusa, Thomas a Kempis, von Hügel, Finney, Wesley y muchos más. Los diez capítulos son el corazón busca y las oraciones al final de cada uno son de closet, no púlpito. *sentí la cercanía de Dios al leerlos.*

Aquí es un libro para cada pastor, misionero y devoto cristiano. Trata de las cosas profundas de Dios y las riquezas de su gracia. Sobre todo, tiene la clave de la sinceridad y humildad.

Samuel M. Zwemer

Ciudad de Nueva York

Prefacio

En esta hora de oscuridad de todo-pero-universal uno que anima el destello aparece: en el pliegue del cristianismo conservador hay ser encontrado un número creciente de personas cuyas vidas religiosas están marcadas por un hambre cada vez mayor después de Dios mismo. Son ávidos de las realidades espirituales y no se pondrá con palabras, ni van a estar contentos con "interpretaciones correctas" de verdad. Tienen sedientos de Dios, y no estarán satisfechos hasta que han bebido profundamente en la fuente de agua viva.

Este es el verdadero Heraldo de avivamiento que he podido detectar en cualquier lugar en el horizonte religioso. Puede ser la nube del tamaño de la mano de un hombre para que Santos unos pocos aquí y allá han estado buscando. Puede resultar en una resurrección de vida para muchas almas y una recaptura de aquella maravilla radiante que debe acompañar la fe en Cristo, esa maravilla que todos pero huyó la iglesia de Dios en nuestros días.

Pero este hambre debe ser reconocido por nuestros líderes religiosos. Evangelicalismo actual tiene (para cambiar la figura) puso el altar y divide el sacrificio en partes, pero ahora parece satisfecho para contar las piedras y reorganizar las piezas nunca un cuidado que no es un signo de fuego en la Cumbre del Carmelo elevado. Pero Dios se agradece a que hay algunos que se preocupan. Son aquellos que, mientras que aman el altar y las delicias en el sacrificio, sin embargo son incapaces de reconciliarse con la ausencia continua del fuego. Que desean por encima de todo Dios. Son sedientos de probar por sí mismos la "dulzura penetrante" del amor de Cristo acerca de quien lo escribió todos los santos profetas y los salmistas cantar.

Hoy no hay ninguna falta de maestros de la Biblia para establecer correctamente establecidos los principios de la doctrina de Cristo, pero muchos de ellos parecen satisfechos para enseñar los fundamentos de la fe año tras año, extrañamente inconscientes que hay en su Ministerio no presencia manifiesta, ni nada inusual en su vida personal. Ministran constantemente a whofeel de los creyentes en su pecho un anhelo que su enseñanza simplemente no satisface.

Confío en que hablo en la caridad, pero la falta en nuestros púlpitos es real. Frase terrible de Milton se aplica a nuestros días exactamente igual a la suya: "las ovejas hambrientas ver y no se alimentan. Es algo solemne y no pequeño escándalo en el Reino, ver los hijos de Dios hambre realmente sentado en la mesa del padre. La verdad de las palabras de Wesley se establece ante nuestros ojos: "ortodoxia o correcta opinión, es, en el mejor, una parte muy delgada de la religión. Aunque genios derecho no pueden subsistir sin comentarios derecho, todavía opiniones derecho pueden subsistir sin ánimos de derecha. Puede haber una opinión correcta de Dios sin amor ni un genio derecho hacia él. Satanás es una prueba de ello".

Gracias a nuestras espléndidas sociedades bíblicas y otras agencias eficaces para la difusión de la palabra, hoy en día hay muchos millones de personas que tienen "opinión derecha", probablemente más que nunca en la historia de la iglesia. Todavía me pregunto si alguna vez hubo un tiempo cuando la verdadera adoración espiritual estaba en un reflujo bajo. Grandes secciones de la iglesia se ha perdido totalmente el arte de la adoración y en su lugar ha llegado esa cosa extraña y extranjera llamada 'programa'. Esta palabra ha sido tomada de la etapa y aplicado con la triste sabiduría al tipo de servicio público que ahora pasa de adoración entre nosotros.

Sonido exposición de la Biblia es una necesidad imprescindible en la iglesia del Dios viviente. Sin ella ninguna iglesia puede ser una iglesia del nuevo testamento en el sentido estricto del término. Pero exposición puede ser llevado a cabo de manera que dejan los oyentes desprovisto de cualquier alimento espiritual verdadero sea cual sea. Se trata de meras palabras que alimentan el alma, sino Dios mismo, y a menos que y hasta que los oyentes encuentran a Dios en la experiencia personal no son lo mejor por haber escuchado la verdad. La Biblia no es un fin en sí mismo, sino un medio para llevar a los hombres a un conocimiento íntimo y gratificante de Dios, que pueden entrar en él, que pueden deleitarse en su presencia, gusto y sabe la dulzura interior del mismo Dios en el núcleo y centro de sus corazones.

Este libro es un modesto intento de ayudar a los niños hambrientos de Dios tan animosa le. Nada aquí es nuevo excepto en el sentido de que es un descubrimiento que mi propio corazón ha hecho de las realidades espirituales más encantador y maravilloso para mí. Otros antes que yo han ido mucho más lejos en estos santos misterios que he hecho, pero si mi fuego no es grande es todo real y allí pueden ser aquellos que pueden encender su vela a su llama.

A. W. Tozer
   Chicago, Ill.
   16 de junio de 1948

Capítulo 1

Después Dios

Mi alma sigue duro después de TI:
tu mano derecha sostiene mí-Psa. 63:8

Teología cristiana enseña la doctrina de la gracia preveniente, que brevemente indicado significa esto, que antes de que un hombre puede buscar a Dios, Dios debe primero han procurado al hombre.

Antes de que un hombre pecador puede pensar en que un derecho pensado en Dios, debe haber sido un trabajo de ilustración realizado dentro de él; imperfecto que sea, pero un verdadero trabajo, y el secreto causa de todos deseando y buscando y orando que puede seguir.

Perseguimos a Dios porque, y sólo porque él ha puesto en primer lugar un impulso dentro de nosotros nos incita a la búsqueda. "Ningún hombre puede venir a mí," dijo nuestro Señor, "salvo el padre que me ha enviado dibuja él," y es por este dibujo muy preveniente que Dios tiene de nosotros todo vestigio de crédito para el acto de venir. El impulso a seguir Dios origina con Dios, pero el trabajo fuera de ese impulso es nuestra siguiente duro después de él; y todo el tiempo estamos persiguiendo lo que ya están en su mano: "¡ tu diestra me sostiene."

En este divino "defensa" y humano "tras" allí no es ninguna contradicción. Todo es de Dios, porque como enseña von Hugel, Dios es siempre anterior. En la práctica, sin embargo, (es decir, donde de Dios anterior trabajo cumple la respuesta actual del hombre) hombre debe buscar a Dios. O nuestra parte debe ser reciprocidad positiva si este dibujo secreto de Dios eventúan en experiencia personal de lo divino. En el lenguaje cálido de sentimiento personal esto se afirma en el cuarenta - segundo Salmo: "como el ciervo brama por las aguas, así clama por mi alma después de ti, oh Dios. Mi alma tiene sed de Dios, del Dios vivo: cuando venga. ¿y comparecer ante Dios? Esto es llamando a la untc profundo profundo, y lo entenderá el corazón anhelante.

La doctrina de la justificación por la fe, una verdad bíblica, y un bendito alivio de legalismo estéril e infructuosa del uno mismo-efforthas en nuestro tiempo caído en mala compañía y ha interpretado por muchos en tal ner hombre realmente a la barra los hombres al conocimiento de Dios. Toda la transacción de conversión religiosa se ha hecho mecánica y sin espíritu. Fe ahora puede ejercerse sin un tarro a la vida moral y sin vergüenza al ego adánica. Cristo puede ser "recibido" sin crear ningún amor especial para él en el alma del receptor. El hombre es "guardada", pero no hambre ni sed después de Dios. De hecho es específicamente les enseña a estar satisfechos y anima a contentarse con poco.

El científico moderno ha perdido a Dios en medio de las maravillas de su mundo; los cristianos estamos en peligro real de perder a Dios en medio de las maravillas de su palabra. Casi hemos olvidado que Dios es una persona y, como tal, pueden ser cultivado como cualquier persona. Es inherente en la personalidad para poder conocer otras personalidades, pero el conocimiento completo de una personalidad por otra no puede ser alcanzado en un encuentro. Es sólo después de una relación mental largo y amoroso que pueden explorarse las posibilidades completas de ambos.

Todas las relaciones sociales entre los seres humanos es una respuesta de personalidad a personalidad, clasificación hacia arriba del cepillo más casual entre hombre y hombre al máximo, que una comunión más íntima que el alma humana es capaz. Religión, lo es genuino, es en esencia la respuesta de personalidades creadas a la creación de la personalidad, Dios. "Esto es vida eterna, que te conozcan el único Dios verdadero y Jesucristo, a quien tú has enviado".

Dios es una persona, y en las profundidades de su poderosa naturaleza se piensa, quiere, disfruta, siente, ama, desea y sufre como cualquier otra persona puede. En haciéndose conocidos por nosotros él se mantiene por el patrón familiar de la personalidad. Él se comunica con nosotros a través de las avenidas de nuestras mentes, nuestras voluntades y nuestras emociones. El intercambio continuo y unembarrassed de amor y pensamiento entre Dios y el alma del hombre Redentor es el corazón palpitante de la religión del nuevo testamento.

Esta relación entre Dios y el alma se conoce a nosotros en conciencia personal. Es personal: es decir, no viene a través del cuerpo de creyentes, como tal, pero se conoce a la persona y, en el cuerpo a través de los individuos que la componen. Y es consciente: es decir, no mantenerse por debajo del umbral de la conciencia y trabajar allí desconocido para el alma (como, por ejemplo, bautismo de infantes es aunque de algunos no), pero entra dentro del campo de la conciencia donde el hombre puede "saberlo" como sabe cualquier otro dato de la experiencia.

Tu y yo son de poco (nuestros pecados exceptuados), Dios es grande. En su imagen tenemos: que dentro de nosotros la capacidad de conocerlo. En nuestros pecados nos falta solamente la energía. El momento que el espíritu ha acelerado nos a la vida en la regeneración de nuestro todo ser sentidos su parentesco con Dios y saltos para arriba en gozoso reconocimiento de que el nacimiento celestial sin el cual nos cañón: ver el Reino de Dios. Sin embargo, no es un fin sino un comienzo, ahora comienza la búsqueda gloriosa exploración feliz del corazón de las riquezas infinitas de la Deidad. Que es donde comenzamos, digo, pero donde: dejamos ningún hombre ha descubierto sin embargo, hay en la muerte horrible y misteriosa de Dios uno y Trino ni límite ni final.

¿Shoreless océano, que te puede sonar?
Tu propia eternidad está alrededor de ti,
Majestad divina!

Han encontrado a Dios y todavía lo son paradoja del alma de amor, despreciado de hecho por el religioso demasiado fácilmente satisfecho, pero justificado en experiencia feliz por los niños del corazón ardiente. St. Bernard declaró esta Santa paradoja en un cuarteto musical que se entenderán al instante por cada alma de adoración:

¿Nos gusto a ti? Oh tú vive de pan,
Y teast a ziiyou todavía:
Bebemos de ti, el manantial
Y nuestras almas de TI para llenar la sed.

Acercado a los hombres y mujeres del pasado y pronto se sentirá el calor de su deseo de Dios. Ellos lloraron, rezaron y luchó y buscó día y noche, en temporada y fuera, y que cuando lo había encontrado el encontrar el dulce para el largo buscaba. Moses utilizan el hecho de que él conocía a Dios como un argumento para conocerlo mejor. "Ahora, por lo tanto, te ruego, si he hallado gracia en tus ojos, muéstrame ahora tu camino, que yo sepa a ti, que puedo encontrar gracia en tus ojos"; y de allí se levantó para hacer la atrevida petición, "Te ruego, que me muestres tu gloria". Dios fue francamente complacido por este despliegue de ardor, y al día siguiente llamó a Moses en el montaje y allí en solemne procesión hizo su gloria pasar delante de él.

La vida de David era un torrente de deseo espiritual y su anillo de Salmos con el grito del buscador y el grito alegre del buscador. Paul confesó la causa principal de su vida que su deseo ardiente después de Cristo. "Que yo sepa," era la meta de su corazón, y a esto él sacrificó todo. "sin duda sí, y cuenta todas las cosas pérdida por la excelencia del conocimiento de Cristo Jesús mi Señor: para quienes han sufrido la pérdida de todas las cosas y hacer contarlas sino rechazar, que puedo ganar Christ."

Hymnody es dulce con el longing después de Dios, el Dios a quien, mientras que la cantante busca, él sabe que ya ha encontrado. "Su tema veo ya a perseguir", cantaron nuestros padres sólo corto hace una generación, pero que canción se oye no más en la gran congregación. Qué trágico que en este día oscuro hemos tenido nuestra búsqueda de hecho por nosotros por nuestros profesores. Todo se hace centro en el acto inicial de "Aceptar" Christ (un término, por cierto, que no se encuentra en la Biblia y no espera después de eso que anhela cualquier otra revelación de Dios a nuestras almas. Hemos sido atrapados en las bobinas de un lógica espuria que insiste en que si lo encontramos necesitamos no más le buscan. Esto es puesto delante de nosotros como la última palabra en la ortodoxia, y se da por sentado que ningún cristiano enseñado por la Biblia alguna vez cree lo contrario. Así el testimonio entero del canto de adoración, buscando, Iglesia sobre el tema quebradizo se deja de lado. La teología de centro vivencial de un gran ejército de Santos fragantes es rechazada en favor de una petulante interpretación de la escritura que sin duda habría sonado extraño a un Agustín, un Rutherford o un Brainerd.

En medio de este gran frialdad hay algo, me alegra reconocer, que no contento con lógica superficial. Que reconocer la fuerza del argumento y luego dar vuelta lejos con lágrimas para buscar algún lugar solitario y orar: "Oh Dios,." Muéstrame tu gloria Quieren a su gusto, al tacto con su corazón, ver con sus ojos internos a la maravilla que es Dios.

Quiero deliberadamente fomentar este anhelo poderoso después de Dios. La falta de ella nos ha traído a nuestro presente estado baja. La calidad rígida y madera sobre nuestra vida religiosa es el resultado de nuestra falta de deseo Santo. La complacencia es un enemigo mortal de todo crecimiento espiritual. Deseo aguda debe estar presente o no habrá ninguna manifestación de Cristo a su pueblo. Él espera ser querido. Lástima que muchos de nosotros espera tan larga, tan larga, en vano.

Cada época tiene sus propias características. Ahora estamos en una era de complejidad religiosa. La simplicidad que es en Cristo se encuentra raramente entre nosotros. En su lugar son programas, métodos, organizaciones y un mundo de actividades nerviosas que ocupan tiempo y atención, pero nunca puede satisfacer el anhelo del corazón. La superficialidad de nuestra experiencia interior, el vacío de nuestra adoración y esa imitación servil del mundo que marca nuestros métodos promocionales que todos atestiguan que, en este día, sabemos que Dios solamente imperfecto y la paz de Dios apenas en todos.

Si nos encontraríamos con Dios en medio de todas las cosas religiosas externas debemos determinar primero a encontrarlo y luego continuar en el camino de sencillez. Ahora como siempre Dios se Descubre a "babes" y se oculta en la densa oscuridad de los sabios y los prudentes. Debemos simplificar nuestro acercamiento a él. Que tira hacia abajo a lo esencial (y encontraron para ser felizmente pocos). Tenemos que poner a todo esfuerzo para impresionar y vienen con el guileless candor de la infancia. Si hacemos esto, sin duda Dios va responder rápidamente.

Cuando la religión ha dicho su última palabra, hay poco necesidad de otro que Dios mismo. El mal hábito de búsqueda de Dios- y efectivamente nos impide encontrar a Dios en completa revelación. En las mentiras "y" nuestra gran desgracia. Si omitimos el "" pronto encontraremos a Dios, y en él nos encontramos que para los que nos hemos toda la vida ha secretamente anhelo.

Necesitamos no miedo que en Dios busca sólo podemos reducir nuestra vida o restringir los movimientos de nuestro corazón de expansión. Lo contrario es cierto. Bien podemos permitirnos hacer Dios nuestro todo, concentrar, para sacrificar a los muchos para el.

El autor de la clásica viejo Inglés pintoresco, *La nube de Unknowing*, nos enseña cómo hacerlo. "Levantar tu corazón a la Gel con una agitación Mansa de amor; y él mismo y ninguno de sus bienes. Y, no pensar en nada pero Dios te. Para que nada funcione en tu ingenio, ni en tu voluntad, sino sólo Dios. Este es el trabajo del alma que más Place a Dios. "

Una vez más, recomienda que en la oración practicamos un desmontaje más avanzado de todo, incluso de nuestra teología. "Para él basta, una directa intención desnuda a Dios sin cualquier otra causa que él." Aún por debajo de su pensamiento pone la amplia base de la verdad del Nuevo Testamento, para él explica que "Solo" significa "Dios que te hizo y te compró, y que amablemente te llama a tu grado." Y él es todo para simplificar: si tenemos religión "traslapado y folden en una palabra, para que tú debes haber mantener mejor con eso, toma una pequeña palabra de una sílaba: por lo que es mejor que el de dos, para incluso el más corto es el mejor accordeth con la obra del espíritu. Y tal palabra es esta palabra de **Dios** o esta palabra **amor**."

Cuando el Señor no dividió Canaán entre las tribus de Israel Levi recibió ninguna parte de la tierra. Dios le dijo a él simplemente, "yo soy tu parte y tu heredad," y por esas palabras le hizo más rico que todos sus hermanos, más ricos que todos los Reyes y rajas que han vivido en el mundo. Y hay un principio espiritual, un principio aún válido para cada sacerdote del Dios Altísimo.

El hombre que tiene Dios para su tesoro tiene todo en uno. Muchos tesoros ordinarios se le pueden negarlo, o si él permitió que, el disfrute de ellos va ser tan templado que nunca van a ser necesarias para su felicidad. O si él debe ver ir, uno tras uno, él apenas siente un sentimiento de pérdida, por tener la fuente de todas las cosas que tiene en una satisfacción de todos, todo placer, todo placer. Lo que él puede perder realmente ha perdido nada, porque ahora lo tiene todo en uno, y tiene pura, legítimamente y para siempre.

Oh Dios, que he probado tu bondad, y tanto me satisface y me hizo sediento de más. Estoy dolorosamente consciente de mi necesidad de más gracia. Me avergüenzo de mi falta de deseo. Oh Dios, Dios uno y trino, quiero desear a ti; I de largo para llenarse de nostalgia; Tengo sed para hacerse más sed todavía. Muéstrame tu gloria, te ruego, que así yo sepa te hecho. Comienzan en la misericordia un nuevo trabajo de amor dentro de mí. Decir a mi alma, "subida para arriba, cualquier amor, mi Feria y salir. Entonces me dan gracia subir y T TI de esta llanura brumosa donde he vagado tanto tiempo. En nombre de Jesús, amén.

Capítulo 2

La bienaventuranza de no poseer nada

Bienaventurados los pobres en espíritu: porque de ellos es el Reino de los cielos. -Mateo 5:3

Antes de que el Señor Dios hizo al hombre sobre la tierra en primer lugar preparado para él por crear un mundo de cosas útiles y agradables para su sustento y deleite. En el relato de la creación de Génesis se denominan simplemente "cosas". Fueron hechas para usos del hombre, pero estaban destinados siempre a ser externa al hombre y subordinada a él. En el corazón profundo del hombre era un santuario donde nadie sino Dios era digno de venir. Dentro de él era Dios; sin, mil regalos que Dios había prodigado sobre él.

Pero el pecado ha presentado complicaciones y ha hecho los mismos dones de Dios una fuente potencial de la ruina del alma.

Nuestros problemas comenzaron cuando Dios fue obligado a salir de su capilla central y "cosas" se les permitió entrar. Dentro del corazón humano "cosas" han asumido el control. Los hombres tienen ahora por naturaleza que no hay paz en sus corazones, para Dios es coronada allí, pero ya no hay en la oscuridad moral obstinados y agresivos usurpadores luchan entre sí para el primer lugar en el trono.

Esto no es una mera metáfora, sino un análisis preciso de nuestro problema espiritual. Hay dentro del corazón humano una raíz fibroso resistente de vida caída cuya naturaleza es poseer, siempre poseer. Ambiciona "cosas" con una pasión profunda y feroz. Los pronombres "mi" y "mío" parece bastante inocente en la impresión, pero su uso constante y universal es significativa. Expresan la verdadera naturaleza del hombre Adámico antiguo mejor que podrían hacer 1 mil volúmenes de teología. Son síntomas verbales de nuestra profunda enfermedad. Las raíces de nuestros corazones se han convertido abajo en las cosas, y nos atrevemos a no levante una raicilla para que no muramos. Cosas son necesarias para nosotros, un desarrollo pensado nunca originalmente. Regalos de

Dios ahora el lugar de Dios, y todo el curso de la naturaleza está molesto por la sustitución monstruosa.

Nuestro Señor se refirió a esta tiranía de las cosas cuando él dijo a sus discípulos, "si alguno quiere venir en pos de mí, niéguese a sí mismo, tome su cruz y me siga. Para todo aquel que salvará su vida, la perderá: y todo aquel que pierda su vida por mi causa la hallarán. "

Romper esta verdad en fragmentos para nuestra mejor comprensión, parece que hay dentro de cada uno de nosotros un enemigo que toleramos en nuestra cuenta y riesgo. Jesús lo llamó "vida" y "uno mismo", o como diría el selflife. Su característica principal es su posesividad: las palabras "ganancia" y "beneficio" sugieren esto. Permitir que este enemigo vivir es en el extremo de perder todo. Para repudiarlo y dar todo por amor a Cristo es perder nada en el último, pero para conservar todo para vida eterna. Y posiblemente también una pista se da aquí como el único medio eficaz para destruir a este enemigo: es la Cruz. «Que tome su cruz y sígame».

El camino para un conocimiento más profundo de Dios es a través de los valles solitarios de la pobreza de alma y abnegación de todas las cosas. Bienaventurados los que poseerán el Reino son los que han repudiado todo lo externo y han arraigado de sus corazones todo el sentido de poseer. Estos son los "pobres en espíritu". Han llegado a un estado interno paralelo a las circunstancias externas del común mendigo en las calles de Jerusalén; es lo que la palabra "pobre" como Christ utilizó realmente significa. Estos Bienaventurados pobres ya no son esclavos de la tiranía de las cosas. Han roto el yugo del opresor; y esto lo han hecho no luchando sino rendirse. Aunque libre de todo sentido de posesión, sin embargo poseen todas las cosas. "Ellos es el Reino de los cielos".

Quiero exhortaros a tomar esto en serio. No debe ser entendido como mero estudio bíblico para ser almacenados en la mente junto con una masa inerte de otras doctrinas. Es un marcador en el camino hacia pastos más verdes, un sendero cincelado contra los lados escarpados del Monte de Dios. Nos atrevemos a no intentarlo para by-pass si seguiría en esta búsqueda sagrada. Debemos ascender un paso a la vez. Si rechazamos un paso traemos nuestro progreso a su fin.

Como sucede con frecuencia, este principio del nuevo testamento de la vida espiritual encuentra su mejor ilustración en el Antiguo Testamento. En la historia de Abraham e Isaac tenemos un cuadro dramático de la vida entregada, así como un excelente comentario sobre la primera bienaventuranza.

Abraham era viejo cuando Isaac nació, edad suficiente para haber sido su abuelo, y el niño se convirtió a la vez el deleite y el ídolo de su corazón. Desde ese momento cuando primero se inclinó a tomar la forma minúscula torpemente en sus brazos era un esclavo del amor impaciente de su hijo. Dios salió de su manera de comentar sobre este afecto. Y no es difícil de entender. El bebé representa todo lo sagrado corazón de su padre: las promesas de Dios, los pactos, las esperanzas de los años y el sueño mucho tiempo mesiánico. Mientras lo veía crecer desde la infancia a la edad adulta joven, que el corazón del viejo hombre era punto más y más con la vida de su hijo, hasta en el último la relación limita sobre la peligrosa. Fue entonces que Dios intervino para salvar a padre e hijo de las consecuencias de un amor uncleansed.

"Toma ahora tu hijo," dijo Dios a Abraham, "tu único hijo Isaac, a quien tú amas, y vete a tierra de Moriah; y allí una ofrenda quemada sobre una de las montañas que yo te diré de." El escritor sagrado repuestos nosotros un primer plano de la angustia esa noche en las laderas cerca de Beerseba cuando el hombre envejecido que tenía con su Dios, pero respetuosa imaginación puede ver con asombro la forma doblada y convulsiva lucha solos bajo las estrellas. Posiblemente no otra vez hasta mayor que Abraham luchó en el huerto de Getsemaní tal dolor mortal visitar un alma humana. Si sólo puede tener el hombre en sí ha permitido morir. Hubiera sido más fácil una mil veces, ahora era viejo y morir no hubiera sido ninguna gran calvario para alguien que había andado tanto tiempo con Dios. Además, habría sido un placer dulce pasado dejó su visión regulación descansan en la figura de su hijo fiel que vive en la línea de Abraham y cumplir en sí mismo las promesas de Dios mucho antes en su de los caldeos.

Cómo él debe matar al muchacho! ¿Incluso si él podría conseguir el consentimiento de sus heridos y protesta el corazón, ¿cómo podría conciliar la ley con la promesa, "En Isaac será tu descendencia llamado"? Esto era prueba de Abraham por el fuego, y él no falló en el crisol. Mientras las estrellas brillaban todavía como sharp blanco puntos por encima de la carpa donde se encontraba Isaac para dormir, y mucho antes de que el amanecer gris había empezado a aligerar este, el viejo Santo hizo su mente. Ofrecer a su hijo como Dios había mandado a hacer y luego confiar en Dios para criarlo de entre los muertos. Esto, dice el escritor a los hebreos, fue la solución encontrada de su corazón dolorido en algún momento de la noche oscura, y él se levantó "temprano en la mañana" para llevar a cabo el plan. Es hermoso ver que, mientras él erró en cuanto a método de Dios, él correctamente había percibido el secreto de su gran corazón. Y la solución concuerda bien con la escritura del Nuevo Testamento, "quien va a perder por mi causa se encuentra".

Dios dejó el sufrimiento viejo ir a través con él hasta el punto donde él sabía que no sería retiro y luego le prohibió poner una mano sobre el muchacho. El patriarca preguntándose ahora dice en efecto, «está bien, Abraham. Yo nunca la intención de que realmente debe matar al muchacho. Sólo quería sacarlo del templo de tu corazón que yo podría reinar indiscutido allí. Quería corregir la perversión que existe en tu amor. Ahora puede tener el niño, sano y bien. Lo y volver a la tienda. Ahora sé que tú fearest Dios, viendo que tú bast no retener a tu hijo, tu único hijo, de mí. "

Cielo abierto y se escuchó una voz diciéndole, "por mí mismo he jurado, dice Jehová, para porque tú bast hecho esta cosa y la estopa no retención a tu hijo, tu único hijo: que en bendición te bendeciré y en multiplicando multiplicaré tu simiente como las estrellas del cielo y como la arena que es ' a la orilla del mar; y tu descendencia poseerán la puerta de sus enemigos; y en tu descendencia serán benditas todas las Naciones de la tierra; porque tú bast obedecido mi voz.

El viejo hombre de Dios levantó la cabeza para responder a la voz, y estaba allí en el Monte fuerte y puro y magnífico, un hombre marcado por el Señor para un tratamiento especial, un amigo y favorito del Altísimo. Ahora era un hombre totalmente entregado, un hombre completamente obediente, un hombre que no poseía nada. Él había concentrado todo en la persona de su amado hijo, y Dios lo había tomado de él. Dios podría haber comenzado hacia fuera en el margen de la vida de Abraham y trabajado hacia adentro hacia el centro; Escogió a cortar rápidamente al corazón y lo en un fuerte acto de separación. En el tratamiento de así practicaba una economía de medios y tiempo. Duele cruelmente, pero fue eficaz.

He dicho que Abraham no poseyó nada. ¿Sin embargo no fue este pobre hombre rico? Todo lo que tenía antes era su todavía disfrutar: ovejas, camellos, ganado y mercancías de todo tipo. También tenía su esposa y sus amigos, y lo mejor de todo que tenía su hijo Isaac seguro a su lado. Tenía todo, pero no poseía nada. Es el secreto espiritual. Es la dulce teología del corazón que puede ser aprendido en la escuela de la renuncia. Los libros de teología sistemática por alto esto, pero los sabios entenderán.

Después de esa experiencia amarga y bendecida creo que las palabras "mi" y "mío" nunca tenía otra vez el mismo significado para Abraham. El sentido de posesión que connotan se había ido de su corazón. Cosas habían sido expulsadas para siempre. Había convertido en externos al hombre. Su corazón interior estaba libre de ellos. El mundo dijo: "Abraham es rico", pero el anciano patriarca sólo sonrió. No podía explicar a ellos, pero sabía que no poseía nada, que sus verdaderos tesoros eran interior y eterno.

No cabe ninguna duda de que este posesivo se aferra a las cosas es uno de los hábitos más perjudiciales en la vida. Porque es tan natural es raramente reconocido por el mal que es; pero sus consecuencias son trágicas.

Nosotros estamos a menudo impedidos de renunciar a nuestros tesoros al Señor por temor a su seguridad; Esto es especialmente cierto cuando esos tesoros son seres queridos familiares y amigos. Pero necesitamos no esos temores. Nuestro Señor vino no a destruir sino a salvar. Todo es seguro que nos comprometemos con él, y nada es muy seguro que no es tan comprometido.

Nuestros dones y talentos deben ser entregados también a él. Debe ser reconocidos por lo que son, préstamos de Dios y no deben nunca ser considerados en ningún sentido nuestras propia. No tenemos más derecho a reclamar crédito para habilidades especiales que de ojos azules o músculos fuertes. ¿"Para que te diferencian de otra hace? y lo fibrosos que tú no recibido? "

El cristiano que está vivo a conocerse a sí mismo incluso un poco reconocerá los síntomas de esta enfermedad de la posesión y se afligen a encontrar en su propio corazón. Si el longing después de Dios es lo suficientemente fuerte dentro de él quería hacer algo al respecto. Ahora, ¿qué debe hacer?

En primer lugar debe dejar a un lado toda defensa y no hacer ningún intento de excusarse a sus propios ojos o ante el Señor. Quien se defiende a sí mismo tendrá para su defensa, y no va a tener ningún otro; pero que venga indefensos ante el Señor y tendrá para su defensa nada menos que Dios mismo. Que el cristiano inquieto pisotean debajo de cada truco resbaladizo de su corazón engañoso e insistir en relaciones francas y abiertas con el Señor.

Entonces él debe recordar que esto es santo. No bastará con trato descuidado o casual. Que venga a Dios en plena determinación a ser escuchado. Que insisten en que Dios acepta todo, que él saque cosas E su corazón y él mismo reinado allí en el poder. Puede ser que tendrá que ser específico, a cosas de nombre y personas por sus nombres uno por uno. Si él será drástico suficiente puede acortar el tiempo de su trabajo de años a minutos y entrar en la buena tierra mucho antes de que sus hermanos más lentos que coddle sus sentimientos e insisten en el cuidado en su trato con Dios.

Nunca olvidemos una verdad como esta no aprenderse de memoria como se aprende los hechos de la ciencia física. Debe ser experimentados antes de que realmente podemos conocerlos. Debemos en nuestros corazones, vivimos a través de experiencias duras y amargas de Abraham si sabríamos la bienaventuranza que les sigue. La antigua maldición no saldrá sin dolor; el duro viejo avaro dentro de nosotros no acostarse y morir obediente a nuestro comando. Él debe rasgar nuestro corazón como una planta de la tierra; debe ser extraído en agonía y sangre como un diente de la mandíbula. Él debe ser expulsado de nuestra alma por la violencia como Christ expulsó a los cambistas del templo. Y vamos a necesitar nosotros mismos de acero contra su limosna lastimera y reconocer como surgiendo de autocompasión, uno de los pecados más reprensibles del corazón humano.

Si en realidad conocemos a Dios en intimidad de cultivo debemos ir esta forma de renuncia. Y si nosotros estamos en la búsqueda de Dios, tarde o temprano nos llevará a esta prueba. La prueba de Abraham fue, al tiempo, no conocido por él como tal, pero si ha tomado algún curso que no sea el que hizo, toda la historia del Antiguo Testamento habría sido diferente. Dios habría encontrado a su hombre, sin duda, pero la pérdida de Abraham hubiera sido trágica más allá de la narración. Así que nos trajo uno por uno en el lugar de prueba, y tal vez nunca sepamos cuando estamos allí. En ese lugar prueba no habrá ninguna docena opciones posibles para nosotros; solo uno y una alternativa, pero nuestro futuro todo estará condicionado por la elección que hacemos.

Padre, quiero saber de ti, pero mis miedos de corazón cobarde para renunciar a sus juguetes. I no puedo parte con ellos sin la sangría interna, y no trato de ocultar de ti el terror de la partida. Vengo temblando, pero venir 1. Por favor la raíz de mi corazón todas esas cosas que 1 ha acariciado por tanto tiempo y que se han convertido en una muy parte de mi vida, así que tú podrás entrar en avid Moran sin un rival. Luego harás el lugar de tus pies glorioso. Entonces no tendrá mi corazón necesidad del sol para brillar en él, tú serás la luz de él, y no habrá ninguna noche. En nombre de Jesús, amén.

Capítulo 3

Quitar el velo

Teniendo por lo tanto, hermanos, libertad para entrar en el lugar Santísimo por la sangre de Jesús. -Heb. 10:19

Entre los dichos famosos de los padres de la iglesia ninguno es mejor conocido que Agustín, "tú nos has formado para ti y nuestro corazón está inquieto hasta que encuentren descanso en ti.

El gran Santo Estados aquí en pocas palabras la historia del origen y el interior de la raza humana. Dios nos hizo para sí mismo: es la única explicación que satisface el corazón de un hombre de pensamiento, lo que puede decir la razón salvaje. Si educación defectuosa y perverso razonamiento plomo un hombre para concluir lo contrario, es poco lo que cualquier cristiano puede hacer por él. Para un hombre no tengo ningún mensaje. Mi llamamiento se dirige a aquellos que han sido previamente enseñados en secreto por la sabiduría de Dios; Hablo a los corazones sedientos cuyos anhelos han sido despertó con el toque de Dios dentro de ellos, y como no necesitan ninguna prueba razonada. Sus corazones inquietos equipan todas las pruebas que necesitan.

Dios nos formó para sí mismo. El Catecismo menor, "De acuerdo sobre por el Reverendo Asamblea de Divines en Westminster," como la antigua cartilla de Nueva Inglaterra, pide las antiguas preguntas qué y por qué y responde en una oración corta apenas igualada en cualquier trabajo sin inspiración. "Pregunta: ¿Cuál es el fin principal del hombre? Respuesta: fin principal del hombre es glorificar a Dios y le disfrutar para siempre. " Con este acuerdo los veinticuatro ancianos que se caen sobre sus rostros que adoran al que vive para siempre y para siempre, diciendo: "tú eres digno, oh Señor, de recibir gloria y honor y poder: porque tú has creado todas las cosas, y tu placer son y fueron creados."

Dios nos formó para su placer y no así nosotros que somos como él en la comunión divina disfrutar la dulce y misteriosa mezcla de personalidades afines. Quería verlo y vivir con él y sacar nuestra vida de su sonrisa. Pero hemos sido culpables de ese "mal revuelta" que Milton habla al describir la rebelión de Satanás y sus huestes. Hemos roto con Dios. Nos hemos dejado de obedecerle y amarle en culpa y el miedo han huido lo más lejos posible de su presencia.

¿Sin embargo, que puede huir de su presencia cuando el cielo y el cielo de los cielos no pueden contenerlo? cuando como testifica la sabiduría de Salomón, "el espíritu del Señor llena el mundo?" La omnipresencia del Señor es una cosa y es un hecho solemne necesario a su perfección; la presencia manifiesta es otra cosa en conjunto y de esa presencia hemos huido, como Adán, para esconderse entre los árboles del jardín, o como Pedro para reducir el llanto ausente, "Apartaos de mí, que soy un hombre pecador, Señor."

Por lo que la vida del hombre sobre la tierra es una vida lejos de la presencia, arrancó flojo de ese "centro de gozosa" que es nuestro lugar de vivienda adecuado, nuestro primer estado que mantuvimos no, la pérdida de la cual es la causa de la inquietud incesante.

Toda la obra de Dios en la redención es deshacer los trágicos efectos de la falta de rebelión, y traer nosotros detrás otra vez en derecha y eterna relación con él. Esto requiere que nuestros pecados eliminarse satisfactoriamente, que se efectuó una reconciliación total y el camino abierto para que nosotros para volver otra vez a la consciente comunión con Dios y volver a vivir en la presencia como antes. Entonces por su trabajo preveniente dentro de nosotros él nos mueve a volver. Esto viene primero a nuestro aviso cuando nuestros corazones inquietos sientan un anhelo por la presencia de Dios y decimos dentro de nosotros mismos, "se presentan y vaya a mi padre." Es el primer paso, y como el sabio chino que Lao-tze ha dicho, "el viaje de 1 mil millas comienza con un primer paso".

El viaje interior del alma de la naturaleza del pecado en la presencia de Dios de disfrutar es maravillosamente ilustrado en el tabernáculo del Antiguo Testamento. El pecador vuelve primero entró en el patio exterior donde él ofreció un sacrificio de sangre sobre el altar de bronce y lavarse a sí mismo en el lavamanos que estaba parado cerca de él. Luego pasó a través de un velo en el lugar santo donde no hay luz natural podría venir, pero el candelabro de oro que hablaba de Jesús la luz del mundo lanzó su suave resplandor sobre todas las cosas. Había también la proposición de Jesús, el pan de vida y el altar del incienso, una figura de la oración incesante.

Aunque el creyente había disfrutado tanto, todavía él no todavía entraron en la presencia de Dios. Otro velo que separó el lugar Santísimo donde sobre el propiciatorio habitaba el mismo Dios mismo en manifestación gloriosa y terrible. Mientras que el tabernáculo estaba parado, sólo el sumo sacerdote podía entrar allí y eso, pero una vez al año, con sangre que ofreció para sus pecados y los pecados del pueblo. Fue este último velo que era ALQUILAR cuando nuestro Señor dio el espíritu en el Calvario, y el escritor sagrado explica que esta rasgadura del velo abrió el camino para cada adorador en el mundo para venir por el camino nuevo y vivo en la presencia divina.

Todo en los acuerdos del nuevo testamento con esta imagen del Antiguo Testamento. Hombres redimidos ya no necesitan pausa en el miedo a entrar en el lugar Santísimo. Dios quiera que hacia su presencia y vivir toda nuestra vida. Éste debe ser conocido por nosotros en la experiencia consciente. Es más que una doctrina que se celebrará, es una vida para disfrutar cada momento de cada día.

Esta llama de la presencia fue el corazón del orden Levítico. Sin ella todas las citas del tabernáculo eran caracteres de un idioma desconocido; no tenían ningún significado para Israel o para nosotros. El hecho mayor del tabernáculo era que Jehová estaba allí; se esperaba una presencia dentro del velo. Asimismo la presencia de Dios es que el hecho central de tainity de Chris en el corazón del mensaje cristiano es Dios mismo a la espera de sus hijos redimidos empujar a la conciencia de su presencia. Que tipo de cristianismo que pasa ahora a ser la moda sabe presencia sólo en teoría. No subrayar el cristiano privilegio de realización presente. Según sus enseñanzas, estamos en presencia de Dios, posición, aliado y nada se dijo sobre la necesidad de experimentar esa presencia realmente. El fogoso impulso que hombres como McCheyne carece totalmente. Y la actual generación de cristianos se mide esta regla imperfecto. Contentamiento innoble toma el lugar de ardiente celo. Estamos satisfechos en nuestras posesiones judiciales y en su mayor parte nos molestamos nosotros mismos muy poco acerca de la ausencia de la experiencia personal.

¿Que esto está dentro del velo que habita en manifestaciones ardientes? No es otro que Dios mismo, "Un solo Dios Padre Todopoderoso, creador del cielo y la tierra y de todas las cosas visibles e invisibles," y "un Señor Jesucristo, el unigénito Hijo de Dios; engendrado de su padre antes de todos los mundos, Dios de Dios, luz de luz, muy Dios de muy Dios; engendrado, no hecho; ser de una sustancia con el padre,"y"el Espíritu Santo, Señor y dador de vida, que procede del padre y del hijo, que con el padre y el hijo es adorado y glorificado." Sin embargo esta Santísima Trinidad es un Dios, para "adorar a un Dios en Trinidad y Trinidad en unidad; ni confundiendo a las personas ni dividiendo la sustancia. Hay una persona del padre, otra del hijo y otra del Espíritu Santo. Pero la divinidad del padre, del hijo y del Espíritu Santo, es todo uno: la igualdad de la gloria y la majestad coeternal. " Ejecutar así que en parte los antiguos credos, y así declara la palabra inspirada.

Detrás del velo es Dios, que Dios después de que el mundo, con extraña inconsistencia, se ha sentido, "si quizás podría encontrar le." Él ha descubierto a sí mismo hasta cierto punto en naturaleza, pero más perfectamente en la encarnación; Ahora él espera mostrarse en ravishing plenitud a los humildes de alma y los puros de corazón.

El mundo está pereciendo por falta de conocimiento de Dios y la iglesia se famishing a falta de su presencia. La curación instantánea de la mayoría de nuestros males religiosos sería entrar en la presencia en la experiencia espiritual, llegar a ser repentinamente consciente de que estamos en Dios y que Dios está en nosotros. Esto nos saque de nuestra lamentable estrechez y causar nuestros corazones ser ampliada. Esto sería quemar a las impurezas de nuestra vida como los insectos y hongos fueron quemados, por el fuego que habitaba en el Monte.

Lo que un mundo amplio para vagar en lo que un mar para nadar en es este Dios y padre de nuestro Señor Jesucristo. Él es eterno, lo que significa que él precede a tiempo y es totalmente independiente de ella. Tiempo comenzó en él y termina en él. A él no homenajea y de él no sufre ningún cambio. Él es inmutable, lo que significa que él nunca ha cambiado y nunca puede cambiar en alguna medida más pequeña. A cambio él tendría que ir de mejor a peor o de peor a mejor. Él no puede hacer ya sea, por ser perfecto no puede ser más perfecta, y si él llegara a ser menos perfecto sería menos que Dios. Él es omnisciente, lo que significa que conoce en un acto libre y sin esfuerzo toda la materia, todo espíritu, todas las relaciones, todos los eventos. No tiene más allá de él y él no tiene futuro. Él es, y ninguno de los términos limitantes y clasificación de las criaturas se puede aplicar a él. Amor, la misericordia y la justicia son su y santidad tan inefable que las comparaciones ni figuras s servirá para expresarlo. Fuego único puede dar incluso una concepción alejada de él. En fuego se presentó en la zarza ardiente; en la columna de fuego vivía a través de todo el recorrido largo desierto. El fuego que brillaba entre las alas de los querubines en el lugar santo fue llamado la "shekinah," la presencia, a través de los años de gloria de Israel, y cuando el viejo había dado lugar al nuevo, vino en Pentecostés como una llama ardiente y se reclinó sobre cada discípulo.

Spinoza escribió sobre el amor intelectual de Dios, y él tenía una medida de la verdad pero el mayor amor de Dios no es intelectual, es espiritual. Dios es espíritu y sólo el espíritu del hombre puede conocerlo realmente. En el profundo espíritu de un hombre debe brillar el fuego o su amor no es el verdadero amor de Dios. Los grandes del Reino han sido aquellos que amaba a Dios más que otros. Todos sabemos que han sido y alegre homenaje a la profundidad y la sinceridad de su devoción. Sólo tenemos que hacer una pausa por un momento y sus nombres vienen marchando delante de nosotros que huele de mirra y áloe y casia de los palacios de Marfil.

Frederick Faber fue una cuya alma jadeado Dios como los pantalones de roe después del arroyo de agua, y la medida en que Dios se reveló a su corazón buscando incendiado la buena vida del hombre entero con una adoración ardiente rivaliza con la de los serafines ante el trono. Su amor por Dios a las tres personas de la divinidad igualmente, aún parecía sentir por cada uno un tipo especial de amor reservado para él solo. De Dios el padre canta:

Sólo para sentarse y pensar en Dios,
Oh qué gozo es!
Pensar el pensamiento, para respirar el nombre;
La tierra tiene mayor dicha.

Padre de Jesús, recompensa de amor!
Qué rapto será,
Se prostierna delante de tu trono a la mentira,
Y la mirada y la mirada en ti

Su amor por la persona de Cristo era tan intensa que amenazaba con consumirlo; se quemó dentro de él como una Santo y dulce locura y fluía de sus labios como el oro fundido. En uno de sus sermones dice: "dondequiera que nos volvemos en la iglesia de Dios, es Jesús. Él es el principio, medio y fin de todo para nosotros... No hay nada bueno, nada Santo, nada hermoso, nada alegre que no se a sus siervos. No es necesario ser pobre, porque, si él elige, él puede tener Jesús para su propiedad y posesión. No es necesario ser abatido, porque Jesús es la alegría del cielo, y su alegría entrar en corazones tristes. Podemos exagerar muchas cosas; pero nunca podemos exageramos nuestra obligación a Jesús, o la abundancia de compasión del amor de Jesús a nosotros. Toda la vida larga que podríamos hablar de Jesús, y aún no debemos nunca llegamos al fin de las cosas dulces que se podría decir de él. La eternidad no será suficiente para aprender todo lo que es, o para alabarle por todo lo que ha hecho, pero entonces, eso importa no; para siempre estaremos con él y que deseemos nada más. Y nuestro Señor directamente le dice:

Te amo así, no lo sé
Mi transporte a control;
Tu amor es como un fuego ardiente
Dentro de mi alma.

De Faber ardiente amor extendido también al Espíritu Santo. No sólo en su teología que él reconoce su Deidad y la plena igualdad con el padre y el hijo, sino celebra constantemente en sus canciones y en sus oraciones. Literalmente apretó su frente al suelo en su adoración férvida ansioso por la tercera persona de la divinidad. En uno de sus grandes himnos al Espíritu Santo él resume su devoción ardiente así:

Oh espíritu, hermosa y temible!
Mi corazón es apto para romper
Con el amor de toda tu ternura
Para nosotros causa de pobres pecadores.

He arriesgado el tedio de la cita que yo podría mostrar por ejemplo acentuado lo que he expuesto a decir, esto es, que Dios es tan inmensamente maravilloso, tan absolutamente y totalmente encantador que él puede, sin otra cosa que a sí mismo, conocer y desbordamiento de las exigencias más profundas de nuestra naturaleza total, misterioso y profundo como que la naturaleza es. Tal adoración como Faber sabía (y él es uno de una gran compañía que ningún hombre puede contar) nunca puede venir de doctrinal un mero conocimiento de Dios. Corazones que son "aptos para romper" con el amor a la divinidad son aquellos que han estado en la presencia y han mirado con el ojo abierto sobre la majestad de la Deidad. Los hombres de los corazones de última hora tenían una calidad de ellos no sabe o entiende por hombres comunes. Habitualmente hablaban con autoridad espiritual. Había estado en presencia de Dios e informó de lo que vieron allí. Eran profetas, escribas de antidisturbios, para el escribano nos dice lo que él ha leído, y el Profeta le dice lo que ha visto.

La distinción no es imaginario. Entre el escriba que ha leído y el Profeta que ha visto hay una diferencia tan amplia como el mar. Hoy estamos repleta de escribas ortodoxos, pero los profetas, ¿dónde están? Suena la voz dura del escriba sobre Evangelicalismo, pero la Iglesia espera la tierna voz del Santo que ha penetrado el velo y ha mirado con el ojo hacia adentro sobre la maravilla que es Dios. Y aún así a penetrar, para empujar en la experiencia sensible en la Santa presencia, es un privilegio abierto a todos los hijos de Dios.

Con el velo quitado por la rasgadura de la carne de Jesús, sin nada de parte de Dios para evitar que nos entren, ¿por qué detuvo sin? ¿Por qué consiente en cumplir todos nuestros días en las afueras del Santo de los Santos y nunca entrar en todos para buscar a Dios? Escuchamos el novio dice, "Déjame ver tu semblante, déjame oír tu voz; dulce es tu voz y tu rostro es hermoso. Detectamos que el llamado es para nosotros, pero todavía no se acercan y los años pasan y crecemos viejos y cansados en los tribunales exteriores del tabernáculo. ¿Lo que nos impiden?

La respuesta normalmente dada, simplemente que estamos "en frío", no a explicar todos los hechos. Hay algo más grave que la frialdad de corazón, algo que puede estar detrás de esa frialdad y ser la causa de su existencia. ¿Qué es? ¿Pero la presencia de un velo en nuestros corazones? era un velo no quitado como el primer velo, pero que permanece allí todavía cerrar hacia fuera la luz y ocultar el rostro de Dios de nosotros. Es el velo de nuestra naturaleza pecaminosa carnal vive, unjudged dentro de nosotros, uncrucified y unrepudiated. Es el velo de la closewoven de la propia vida que nunca hemos reconocido, de que hemos sido secretamente avergonzados, y que por ello nunca hemos traído al juicio de la Cruz. No es demasiado misterioso, este velo opaco, ni es difícil de identificar. Sólo tenemos que mirar en nuestros corazones y veremos allí, cosido y parcheado y reparado puede ser, pero sin embargo, el enemigo de nuestras vidas y un bloque efectivo para nuestro progreso espiritual.

Este velo no es una cosa maravillosa y no es algo que cuidamos comúnmente al hablar, pero me dirijo a las almas sediento que están decididas a seguir a Dios, y sé que no volverá porque t lo lleva temporalmente a través de las colinas negras. El impulso de Dios dentro de ellos asegurará su continuar la búsqueda. Se enfrentan a los hechos sin embargo desagradables y soportar la Cruz por el gozo puesto delante de ellos. Así que soy audaz entre los hilos de los cuales se teje este velo interior.

Está tejida de los hilos de rosca finos de la vida de uno mismo, los pecados con guión del espíritu humano. No son algo que hacemos, son algo que son y ahí reside su sutileza y su poder.

Para ser específicos, la uno mismo-pecados son estos: santurronería, selfpity, confianza en sí mismo, autosuficiencia, uno mismo-admiración, amor y muchos otros como ellos. Moran muy profundo dentro de nosotros y son también parte de nuestra naturaleza a llegado a nuestra atención hasta que la luz de Dios se centra en ellos. Las manifestaciones groseras de estos pecados, egoísmo, exhibicionismo, autogestion, extrañamente son tolerados en líderes cristianos incluso en los círculos de la ortodoxia impecable. Son tanto en evidencia como en realidad, para que muchas personas, a ser identificado con el Evangelio. Confío en que no es una observación cínica para decir que aparecen estos días a ser un requisito para el renombre en algunas secciones de la iglesia visible. Promoción de sí mismo bajo el pretexto de pro-3 moting Cristo actualmente es tan común en cuanto a excitar sin aviso.

Se debe suponer que instrucción apropiada en las doctrinas de la depravación del hombre y la necesidad de justificación a través de la justicia de Cristo solamente nos entregaría el poder de la uno mismo-pecados; pero p, no funciona así. Uno mismo puede litro unrebuked en el mismo altar. Puede ver la sangrante víctima morir y no tener las menos afectadas por lo que ve. Puede luchar por la fe de los reformadores y predicar con elocuencia el credo de la salvación por gracia y ganar fuerza por sus esfuerzos. Para decir toda la verdad, realmente parece alimentarse de ortodoxia y es más en casa, en una conferencia de la Biblia que en una taberna. Nuestro estado muy del longing después de que Dios puede permitir una excelente condición bajo la cual prosperar y crecer.

Es el velo opaco que oculta el rostro de Dios Z de nosotros. Puede eliminarse sólo en experiencia espiritual, nunca por la mera instrucción. Así tratar de instruir a la lepra fuera de nuestro sistema. Debe ser una obra de Dios en la destrucción antes de ser libres. Debemos invitar la Cruz haga su trabajo - mortal dentro - nos. Debemos llevar nuestra propia pecados a la Cruz para el juicio. Debemos prepararnos para un calvario de sufrimiento que en cierta medida a través del cual nuestro Salvador pasó cuando él sufrió debajo de Pontius Pilate.

Recordemos: cuando hablamos de la rasgadura del velo, estamos hablando de una figura, y la idea de es poético, casi agradable; pero en realidad no es nada agradable sobre ella. En la experiencia humana ese velo está hecho de tejido espiritual de vida; se compone de las cosas sensibles, temblorosa que consisten nuestros seres enteros, y para tocarlo es tocarnos donde sentimos dolor. Para rasgarla es perjudicar a nosotros, para hacernos daño y nos hacen sangrar. Decir lo contrario es hacer la Cruz sin Cruz y la muerte sin muerte a todos. Nunca es divertido a morir. Para desgarrarse las cosas querida y tierna de la que se hace vida nunca puede ser cualquier cosa pero profundamente doloroso. Sin embargo eso es lo que hizo la Cruz a Jesús y es lo que haría la Cruz a todo hombre le liberado.

Desconfiemos de juguetear con nuestro interior vida en esperanza de nosotros mismos para desgarrar el velo. Dios debe hacer todo para nosotros. Nuestra parte es rendimiento y confianza. Debemos confesar, renunciar, repudiar la vida de uno mismo y contar luego que lo crucificaron. Pero debemos tener cuidadosos de distinguir perezoso "aceptación" de la obra real de Dios. Debemos insistir sobre el trabajo realizado. Nos atrevemos a no contentarse con una doctrina aseada de la crucifixión de uno mismo. Es imitar a Saúl y lo mejor de las ovejas y los bueyes de recambio.

Insisten en que el trabajo se realiza en verdad y os será hecho. La Cruz es rugosa y es mortal, pero es eficaz. No mantiene a su víctima colgando allí para siempre. Llega un momento cuando termine su trabajo y el sufrimiento de la víctima muere. Después de eso es poder y la gloria de la resurrección, y el dolor se olvida de alegría que el velo es quitado y hemos entrado en real espiritual experimentar la presencia del Dios viviente.

Señor, cómo excelente son tus caminos, y cómo tortuosos y oscuros son los caminos o f hombre. Muéstranos cómo morir, que nos podemos subir de nuevo a la vida de novedad o f. Desgarrar el velo o f nuestra propia vida desde arriba hacia abajo como tú Rasgad el velo o f el templo. Se acercan en la fe de garantía completo o f. W e viven contigo en experiencia diaria aquí en la tierra para que estemos acostumbrados a la gloria cuando entramos en T por el cielo para morar contigo allí. En nombre de Jesús, amén.

Capítulo 4

Aprehensión de Dios

O gusto y ver-Psa. 34: 8

Era Canon de Holmes, de la India, que más que hace veinticinco años llamaron la atención sobre el carácter deductivo de la fe del hombre promedio en Dios. A mayoría de la gente Dios es una inferencia, no una realidad. Es una deducción de evidencias que consideran adecuadas; pero él sigue siendo personalmente desconocido para el individuo. "Él debe ser", dicen, "por lo tanto creemos que es." Otros no van sin embargo lejos como este; sabe de él sólo de oídas. Nunca he molestado a pensar el asunto por sí mismos, pero ha oído hablar de él de los demás y han puesto la creencia en él en la parte posterior de su mente junto con las diferentes las probabilidades y termina que conforman su credo total. A otros Dios no es más que un ideal, otro nombre para bondad, belleza o verdad; o es ley, o la vida o el impulso creativo detrás de los fenómenos de la existencia.

Estas nociones acerca de Dios son muchos y variados, pero que les tienen una cosa en común: no saben Dios en experiencia personal. La posibilidad de íntima relación con él no ha entrado en sus mentes. Mientras que admitir su existencia no piensan de él como cognoscible en el sentido que sabemos cosas o personas.

Los cristianos, sin duda, ir más allá de esto, al menos en teoría. Su credo obliga a creer en la personalidad de Dios, y les ha enseñado a orar: "Padre nuestro, que estás en los cielos." Ahora personalidad y paternidad llevan consigo la idea de la posibilidad de conocimiento personal. Esto es admitido, digo, en teoría, pero para millones de cristianos, sin embargo, Dios no más real que es para el no cristiano. Pasan la vida tratando de amar un ideal y ser fiel a un principio simple.

Frente a toda esta ola nublado se encuentra la doctrina clara de las escrituras que Dios puede ser conocido en la experiencia personal.

Una personalidad amorosa domina la Biblia, caminando entre los árboles del huerto y respirando la fragancia en cada escena. Siempre está presente, hablando, rogando, amando, trabajando y manifestándose a sí mismo cuando quiera y dondequiera su pueblo tiene la receptividad necesaria para recibir la manifestación vida persona.

La Biblia asume como hecho evidente que los hombres pueden conocer a Dios con al menos el mismo grado de inmediatez ya que saben que cualquier otra persona o lo que viene dentro del campo de su experiencia. Los mismos términos se utilizan para expresar el conocimiento de Dios como se utilizan para expresar conocimiento de cosas físicas. "Gusto O y ver que el Señor es bueno. "Todas las prendas de tus olor de mirra, áloe y casia, fuera de los palacios de Marfil". "Mis ovejas oyen mi voz". "Bienaventurados los puros de corazón, porque ellos verán a Dios". Son sólo cuatro de los innumerables tales pasajes de la palabra de Dios. Y el hecho de que la importación toda la escritura es hacia esta creencia es más importante que cualquier texto de prueba.

¿Qué significa todo esto salvo que tenemos en nuestros órganos de corazones por medio del cual podemos saber ciertamente como conocemos las cosas materiales a través de nuestros cinco sentidos familiares Dios? Aprehender el mundo físico mediante el ejercicio de las facultades que nos dadas el propósito, y poseemos facultades espirituales por medio del cual podemos conocer el mundo espiritual y Dios si vamos a obedecer el impulso del espíritu y comenzar a utilizarlos.

Que debe hacerse primero una obra de salvación en el corazón se da por sentado aquí. Las facultades espirituales del hombre no regenerado yacen dormidas en su naturaleza, sin usar y para cada propósito muerto; es la carrera que ha caído sobre nosotros por el pecado. Puede ser acelerados a vida activa otra vez por la operación del Espíritu Santo en la regeneración; es uno de los incalculables beneficios que vienen a nosotros a través de la obra expiatoria de Cristo en la Cruz.

Pero los niños muy redimidos de Dios ellos mismos: ¿por qué sabemos tan poco de esa habitual comunión consciente con Dios que las escrituras parecen ofrecer? La respuesta es nuestra incredulidad crónica. Fe permite nuestro sentido espiritual a la función. Donde la fe es defectuosa el resultado será insensibilidad hacia adentro y la insensibilidad hacia las cosas espirituales. Esta es la condición de gran número de cristianos hoy en día. Ninguna prueba es necesaria para apoyar esta afirmación. Tenemos pero para conversar con el primer cristiano cumplir o entrar en la primera iglesia que se encuentra abiertos para la adquisición de todas las pruebas que necesitamos.

Un reino espiritual está sobre nosotros, que nos, nos, abarcando en conjunto al alcance de nuestro yo interior, esperando que lo reconoce. Aquí Dios está esperando nuestra respuesta a su presencia. Este mundo eterno vendrá vivo para nosotros el momento que comenzamos a contar sobre su realidad.

Ahora he utilizado dos palabras que exigen definición; o si la definición es imposible, yo por lo menos debo dejar claro lo que quiero decir cuando uso. Son "contar" y "realidad".

¿Que significan en realidad? Quiero decir que tiene existencia aparte de cualquier idea de cualquier mente no puede han de él, y que existiría si había ninguna mente en cualquier lugar para entretener a un pensamiento de él. Lo que es real tiene ser en sí mismo. No depende del observador para su validez.

Soy consciente de que hay quienes adoran burlarse ante la idea del hombre llano de la realidad. Son los idealistas que spin infinitas pruebas que nada es real fuera de la mente. Son los relativistas, que quieren mostrar que no hay puntos fijos en el universo de la cual podemos medir cualquier cosa. Que sonrían abajo a nosotros de sus elevados picos intelectuales y nos colocan a su propia satisfacción por fijación sobre nosotros el "absolutista" término reprochable. El cristiano se pone no fuera del semblante por esta muestra de desprecio. Puede sonreír espalda derecha en ellos, porque sabe que sólo hay uno que es absoluto, que es Dios. Pero también sabe que una absoluta ha hecho este mundo para usos del hombre, y mientras que no hay nada fijo o real en el último significado de las palabras (el significado aplicado a Dios) para cada propósito o f vida humana se nos permite actuar como f se fueron. Y todo hombre actúe así excepto el mentalmente enfermo. Estos desafortunados también tienen problemas con la realidad, pero son consistentes; ellos insisten en vivir de acuerdo con sus ideas de las cosas. Que son honestos, y es su misma honestidad que les constituye un problema social.

Los idealistas y los relativistas no están mentalmente enfermos. Prueban su validez por vivir sus vidas según las nociones muy de la realidad que en teoría repudian y contando con los puntos muy fijos que demuestran que no existen. Pueden ganar mucho más respeto por sus nociones si estaban dispuestos a vivir por ellos; pero este cuidadosos no se que hacer. Sus ideas no son cerebro de profundidad, profundidad de vida. Dondequiera que la vida les toca repudiar sus teorías y vivir como los otros hombres.

El cristiano es demasiado sincero para jugar con ideas para su propio motivo. Él no tiene ningún placer en el simple giro de gossamer webs para la exhibición. Todas sus creencias son prácticos. Están orientados en su vida. Por ellos él vive o muere, está parado o caídas para este mundo y de todos los tiempos por venir. Del hombre sincero que da vuelta lejos.

El hombre llano sincero sabe que el mundo es real. Encuentra aquí cuando él se despierta a la conciencia, y él sabe que no pensar en ser. Aquí estaba esperando para él cuando él vino, y él sabe que cuando él se prepara para salir de esta escena terrenal será aquí todavía a él adiós como él sale. Por la profunda sabiduría de la vida es más sabio que 1 mil hombres que dudan. Que está parado sobre la tierra y siente el viento y la lluvia en su rostro y él sabe que son reales. Él ve el sol durante el día y las estrellas por la noche. Él ve el rayo caliente jugar fuera de la oscura nube de tormenta. Oye los sonidos de la naturaleza y los gritos de dolor y alegría humana. Él sabe que son reales. Se encuentra en la tierra fría por la noche y no tiene miedo que resultar ilusorio o fallarle mientras él duerme. En la mañana la tierra firme será debajo de él, el cielo azul por encima de él y las rocas y árboles alrededor de él como cuando él cerró los ojos la noche anterior. Así que vive y se regocija en un mundo de realidad.

Con sus cinco sentidos involucra este mundo real. Todas las cosas necesarias para su existencia física comprende por las facultades con las que ha sido equipado por el Dios que lo creó y lo puso en un mundo como este.

Ahora, por la definición también Dios es real. Él es real en el sentido absoluto y final de que nada es. Otra realidad está condicionada a su. La gran realidad es Dios quien es el autor de esa realidad inferior y dependiente, que constituye la suma de cosas creadas, incluyendo nosotros mismos. Dios tiene una existencia objetiva independiente de y aparte de cualquier nociones que podemos tener acerca de esto. El corazón de adoración no crea su objeto. Encuentra aquí cuando despierta de su letargo moral en la mañana de su regeneración.

Otra palabra que debe ser aclarada es la palabra contar. Esto significa visualizar o imaginar. La imaginación no es fe. Los dos no sólo son diferentes, pero parado en la oposición fuerte, uno al otro. Imaginación proyectos irreales imágenes de la mente y busca unir la realidad a ellos. Fe no crea nada; simplemente reconoce a lo que ya está allí.

Dios y el mundo espiritual son reales. Podemos contar con ellos con tanta seguridad como que contar sobre el mundo familiar que nos rodea. Existen cosas espirituales (o más bien deberíamos decir aquí) invitar a nuestra atención y cuestionar nuestra confianza.

Nuestro problema es que hemos establecido hábitos de mal pensamiento. Habitualmente pensamos del mundo visible como algo real y dudar de la realidad de cualquier otro. No negamos la existencia del mundo espiritual, pero dudamos de que es real en el sentido aceptado de la palabra.

El mundo de sentido impone a nuestra atención día y noche para el conjunto de nuestra vida. Es clamoroso, insistente y uno mismo- que demostraba. No apelar a la fe; aquí, es agredir a nuestros cinco sentidos, pidiendo ser aceptado como real y final. Pero el pecado ha nublado así que las lentes de nuestros corazones que no podemos ver esa otra realidad, la ciudad de Dios, brillando a nuestro alrededor. El mundo de triunfos de sentido. Lo visible se convierte en el enemigo de lo invisible; el temporal, de lo eterno. Es la maldición heredada por todos los miembros de la raza trágica de Adán.

En la raíz de la vida cristiana se encuentra la creencia en lo invisible. El objeto del cristiano la fe es la realidad invisible.

Nuestro pensamiento no corregido, influenciado por la ceguera de nuestros corazones naturales y la ubicuidad intrusa de las cosas visibles, tiende a dibujar un contraste entre lo espiritual y lo real; pero no hay tal contraste existe realmente. La antítesis yace en otra parte: entre lo real y lo imaginario, entre lo espiritual y el material, entre lo temporal y lo eterno; pero entre lo espiritual y lo real, nunca. Lo espiritual es real.

Si se levantaría en esa región de luz y energía nos llamando claramente a través de las escrituras de la verdad debemos romper el mal hábito de ignorar lo espiritual. Debemos cambiar nuestro interés de lo visto a lo oculto. Para la gran realidad invisible es Dios. "El que viene a Dios debe creer que él es, y que es galardonador de los que le buscan." Esto es básico en la vida de fe. Desde allí podemos elevarnos a alturas ilimitadas. "Creéis en Dios," dijo nuestro Señor Jesucristo, "crean también en mí." Sin el primero no puede haber ningún segundo.

Si realmente queremos seguir a Dios debemos buscar ser otro mundo. Esto lo digo sabiendo bien que esa palabra ha sido utilizada con desprecio por los hijos de este mundo y aplicado a los cristianos como una insignia de reprobación. Que así sea. Cada hombre debe elegir su mundo. Si tenemos que seguir a Cristo, con todos los hechos antes de nosotros y saber lo que somos, escoger deliberadamente el Reino de Dios como nuestra esfera de interés no veo ninguna razón por qué nadie debe objetar. Si perdemos por él, la pérdida es nuestra propia; si ganamos, nos robe nadie por hacerlo. El "otro mundo," que es el objeto del desdén de este mundo y el tema de la canción burlona de borracho, es nuestra meta cuidadosamente elegido y el objeto de nuestro anhelo más santo.

Pero es preciso evitar la falla común de empujar el "otro mundo" en el futuro. No es futuro, sino presente. Es paralelo a nuestro familiar mundo físico, y las puertas entre los dos mundos están abiertas. "Que se vienen," dice el escritor a los Hebreos (y el tiempo está claramente presente, "Monte de Sión y a la ciudad del Dios viviente, la Jerusalén celestial y a una innumerable multitud de Ángeles, a la Asamblea general e iglesia de los primogénitos, que están escritos en el cielo, y a Dios el juez de todos y a los espíritus de los hombres justos hechos perfectos y a Jesús el mediador del nuevo pacto y a la sangre rociada, que habla cosas mejores que la de Abel. " Todas estas cosas son contrastadas con "el Monte que se puede tocar" y "el sonido de una trompeta" y la voz de las palabras que pueden oírse. ¿Podemos concluir no segura que, como las realidades del Monte Sinaí fueron aprehendidas por los sentidos, así la realidad del Monte Sión es ser captado por el alma? Y esto no por cualquier truco de la imaginación, pero en realidad es. El alma tiene ojos que vea y oídos con los que escuchar. Débiles pueden ser de largo desuso, pero con el toque vivificante de Cristo ahora vivo y capaz de la más aguda vista y el oído más sensible.

Al comenzar a centrarse en Dios las cosas del espíritu tomará forma ante nuestros ojos interiores. Obediencia a la palabra de Cristo traerá una revelación interna de Dios (Juan 14:21-23). Dará aguda percepción que nos permite ver a Dios como es prometido a los puros de corazón. Aprovecharemos una nueva conciencia de Dios sobre nosotros y comenzaremos a degustar y escuchar y sentir interiormente el Dios que es nuestra vida y nuestro todo. Habrá visto el resplandor constante de la luz que ilumina cada hombre que viene al mundo. Cada vez más, a medida que nuestras facultades crecen más y más seguro, Dios se convertirá en nos el gran todos y su presencia la gloria y la maravilla de nuestra vida.

Oh Dios, acelerar a la vida todos los poderes dentro de mí, que puedo echar mano de cosas eternas. Abre mis ojos que puedo ver; Dame aguda percepción espiritual; permite me gusto T ti y saber que T eres el arte bueno. Cielo más real me hacen que cualquier cosa terrenal ha sido siempre. Amén.

Capítulo 5

La presencia Universal

¿A dónde me iré de tu espíritu? o ¿a dónde huiré de tu presencia?-
Psa. 139: 7

En toda enseñanza cristiana que se encuentran ciertas verdades básicas, ocultas a veces y algo asumido que la declarada, pero necesarias a toda verdad como los colores primarios se encuentran en y necesarios para la pintura acabada. Tal verdad es la inmanencia divina.

Dios Mora en su creación y está en todas partes inseparablemente presentes en todas sus obras. Esto con valentía es enseñado por el Profeta y apóstol y es aceptado por la teología cristiana general. Es decir, aparece en los libros, pero por alguna razón que no ha hundido en el medio cristiano de corazón para llegar a ser una parte de su creencia de uno mismo. Maestros cristianos rehúyen sus consecuencias y si mencionan en absoluto, lo mudo hacia abajo hasta que tiene poco significado. Supongo que thereason para esto es el temor de ser acusado de panteísmo; pero la doctrina de la presencia divina no es panteísmo.

Error del panteísmo es también palpable a engañar a nadie. Es que Dios es la suma de todas las cosas creadas. Naturaleza y Dios son uno, por lo que quien toca una hoja o una piedra de toque Dios. Por supuesto es degradar la gloria del Dios incorruptible y, en un esfuerzo por hacer todas las cosas divinas, desterrar toda divinidad del mundo enteramente.

La verdad es que aunque Dios habita en su mundo es separado por un abismo infranqueable para siempre. Sin embargo de cerca puede ser identificado con el trabajo de sus manos son y deben ser eternamente que no sea él, y es y debe ser anterior a e independiente de ellos. Es trascendente sobre todas sus obras aun cuando él es inmanente en ellos.

¿Lo que ahora significa la divina inmanencia en la experiencia cristiana? Significa simplemente que Dios está aquí. Dondequiera que estemos, Dios está aquí. No hay lugar, no puede haber ningún lugar, donde no es. 10 millones de inteligencias permanente en tantos puntos en el espacio y separadas por distancias incomprensibles puede cada uno decir con igual verdad, Dios está aquí. Ningún punto es más cerca de Dios que cualquier otro punto. Es exactamente tan cerca de Dios de cualquiera, como es de cualquier otro lugar. Nadie está en la mera distancia cualquiera más de o alguna más cerca de Dios que cualquier otra persona es.

Estas son verdades por cada cristiano instruido. Sigue siendo para que nosotros pensar en ellas y orar sobre ellos hasta que comiencen a brillar dentro de nosotros.

"En el principio Dios." No importa, para la materia no es la causa propia. Requiere una causa antecedente, y Dios es esa causa. No ley, por ley es más que un nombre para el curso que toda la creación sigue. Ese curso tuvo que ser planeado, y el planificador es Dios. No mente, mente también es una cosa creada y debe tener un creador detrás de él. En el principio Dios, la causa de la materia, la mente y la ley. Allí debemos empezar.

Adán pecó y, en su pánico, frenéticamente intentó lo imposible: él intentó esconderse de la presencia de Dios. David también debe haber tenido pensamientos salvajes de intentar escapar de la presencia, pues escribió, "¿a dónde me iré de tu espíritu? ¿o adónde huiré de tu presencia? Entonces él procedió a través de uno de sus más bellos Salmos para celebrar la gloria de la divina inmanencia. "Si yo ascender a los cielos, tú estás allí: si hago mi lecho en el infierno, he aquí, allí tú estás. Si tomo las alas de la mañana y habitan en las partes interior del mar; allí será tu plomo mano me y tu mano derecha vamos hold me". Y él sabía que siendo de Dios y Dios ver son los mismos, que la presencia que había estado con él, incluso antes de nacer, ver el misterio de la vida desplegado. ¿Exclamó Salomón, pero Dios ciertamente moraré en la tierra? He aquí el cielo y el cielo de los cielos te puede contener: Cómo mucho menos esta casa que tengo construido. " Paul aseguró a los atenienses que "Dios no está lejos de cada uno de nosotros: porque en él vivimos y mover y tenemos nuestro ser."

Si Dios está presente en cada punto del espacio, si no podemos ir donde él no está, no puede siquiera concebir de un lugar donde no es, ¿por qué entonces ha no esa presencia convertido en un hecho universalmente famoso del mundo? El patriarca Jacob, "en el desierto aullante residuos," dio la respuesta a esa pregunta. Él vio una visión de Dios y gritó con asombro, "seguramente el Señor está en este lugar; y no lo supe. Jacob nunca había sido una división de un momento fuera del círculo de esa presencia omnipresente. Pero él no lo sabía. Era su problema, y es nuestro. Los hombres no sé que Dios está aquí. Qué diferencia haría si supieran.

La presencia y la manifestación de la presencia no son los mismos. Puede haber uno sin el otro. Dios es aquí cuando no somos totalmente conscientes de él. Es manifiesto cuando y como somos conscientes de su presencia. Por nuestra parte debe ser entrega al espíritu de Dios, por su trabajo es para mostrarnos el padre y el hijo. Si cooperamos con él en el amor obediencia Dios se manifestará a sí mismo a nosotros, y esa manifestación será la diferencia entre una vida cristiana nominal y una vida radiante con la luz de su rostro.

Siempre, en todas partes está Dios, presente y siempre se busca descubrir a sí mismo. A cada uno revelaría no sólo que él es, pero lo que es así. Él no tuvo que ser persuadido a sí mismo descubrir a Moses. "Y Jehová descendió en la nube, estaba allí con él y proclamó el nombre del Señor". No sólo hizo una proclamación verbal de su naturaleza, pero él reveló su muy propia a Moses para que la piel de la cara de Moses brilló con la luz sobrenatural. Será un gran momento para algunos de nosotros cuando empezamos a creer que la promesa de revelación de Dios es literalmente verdad: que él prometió mucho, pero no prometió más que él tiene la intención de cumplir.

Nuestra búsqueda de Dios es exitoso solo porque él siempre está tratando de manifestarse a nosotros. La revelación de Dios a cualquier hombre no es Dios que viene de una distancia en un tiempo para pagar una visita breve y trascendental al alma del hombre. Así a pensar es malentender todo. El enfoque de Dios en el alma o el alma a Dios no debe pensar en términos espaciales en todo. No hay ninguna idea de la distancia física involucrados en el concepto. No es una cuestión de millas sino de experiencia.

Hablar de estar cerca o lejos de Dios es usar el lenguaje en un sentido siempre entendido cuando se aplica a nuestras relaciones humanas ordinarias. Un hombre puede decir: "siento que mi hijo está llegando más cerca de mí como él consigue más viejo," y sin embargo ese hijo ha vivido a lado de su padre desde que nació y nunca ha sido fuera de casa más de un día en toda su vida. Entonces ¿qué Padre quiere decir? Obviamente está hablando de la experiencia. Quiere decir que el niño está llegando a conocerle más íntimamente y más profundo conocimiento, las barreras de pensamiento y sentimiento entre los dos desaparecen, que padre e hijo están cada vez más estrechamente Unidos en mente y corazón.

Así que cuando cantamos, "Draw me cerca, cerca, bendito Señor," no pensamos de la cercanía del lugar, sino de la cercanía de la relación. Es para aumentar el grado de conciencia de que oramos, por una conciencia más perfecta de la presencia divina. Nunca necesitamos gritar a través de los espacios a un Dios ausente. Él está más cercano de nuestra propia alma, más que nuestros pensamientos más secretos.

¿Por qué algunas personas "encontrar" Dios de una manera que otros no? ¿Por qué Dios manifiesta su presencia a algunos y deja a multitudes de otros a lo largo de la lucha en la penumbra de la experiencia cristiana imperfecta? Por supuesto la voluntad de Dios es el mismo para todos. No ha favoritos dentro de su casa. Todo que lo ha hecho siempre para cualquiera de sus hijos que va a hacer para todos sus hijos. La diferencia se encuentra no con Dios sino con nosotros.

Escoger al azar una veintena de grandes santos cuyas vidas y testimonios son ampliamente conocidos. Que sean personajes de la Biblia o los cristianos bien conocidos de épocas poste-bíblicas. Usted quedará impresionado al instante con el hecho de que los Santos no eran iguales. A veces los unlikenesses eran tan grandes en cuanto a ser positivamente deslumbrante. Diferentes por ejemplo era Moses de Isaías; Cuán diferente fue Elías de David; Cómo a diferencia de unos a otros eran John y Paul, St Francis y Lutero, Finney y Thomas a Kempis. Las diferencias son tan amplia como la vida humana misma: las diferencias de raza, nacionalidad, educación, temperamento, hábito y cualidades personales. Sin embargo todos caminaban, cada uno en su día, sobre un camino de vida espiritual muy por encima de lo común.

Sus diferencias deben haber sido incidental y en los ojos de Dios ninguna importancia. En alguna cualidad vital deben haber sido igual. ¿Qué fue lo?

Me atrevo a sugerir que la una calidad esencial que tuvieron en común fue la receptividad espiritual. Algo en ellos estaba abierto al cielo, algo que se les insta a Dios. Sin intentar algo como un profundo análisis, diré simplemente que tenían conciencia espiritual y que iban a cultivan hasta que se convirtió en lo más importante en sus vidas. Diferenciaron de la persona promedio que cuando sentían el anhelo interior que hicieron algo al respecto. Adquirieron el hábito permanente de respuesta espiritual. No fue desobedientes a la visión celestial. Como David lo dijo claramente, "cuando tú dijiste, buscad mi rostro; mi corazón dijo a ti, tu rostro, Señor, te busco.

Como con todo lo bueno en la vida humana, la parte posterior de esta receptividad es Dios. La soberanía de Dios está aquí y se siente incluso por aquellos que no han puesto especial incapie en teológicamente. El piadoso Michael Angelo confesó esto en un soneto:

Mi corazón es arcilla estéril,
Que f o mismo nativo puede no alimentar:

De obras buenas y piadosas eres la semilla,
Se acelera sólo donde tú dices que puede:
A menos que tú nos muestran tu verdadera forma de
Ningún hombre puede encontrarlo: padre! Tú debe llevar.

Estas palabras pagará estudio como el testimonio profundo y serio de un gran cristiano.

Importante como es que reconocemos a Dios obrando en nosotros, sin embargo advierto una preocupación muy grande con el pensamiento. Es un camino seguro a la pasividad estéril. Dios no celebrará nos responsable de entender los misterios de la elección, la predestinación y la soberanía divina. La manera mejor y más segura para hacer frente a estas verdades es levantar nuestros ojos a Dios y en la más profunda reverencia, "Oh Señor, tú sabes." Esas cosas pertenecen a la misteriosa y profunda omnisciencia de Dios de la profunda. Palanca en ellos hagan teólogos, pero nunca va a hacer Santos.

Receptividad no es una sola cosa; es un compuesto, una mezcla de varios elementos en el alma. Es una afinidad para un doblado hacia una respuesta simpática a un deseo de tener. De ello se congregue que pueden estar presente en grados, que tengamos poco o más o menos, dependiendo de la persona. Puede ser aumentado por el ejercicio o destruido por descuido. No es una fuerza soberana e irresistible que viene sobre nosotros como un ataque desde arriba. Es un regalo de Dios, de hecho, sino que debe ser reconocido y cultivado como cualquier otro regalo, si se va a realizar el propósito para el cual fue dado.

No ver esto es la causa de una avería muy grave en el Evangelicalismo moderno. La idea del cultivo y el ejercicio, así que Estimado a los Santos de antaño, ahora no tiene lugar en nuestro cuadro religioso total. Es demasiado lento, demasiado común. Ahora exigimos glamour y acción dramática que fluye rápido. Una generación de cristianos criados entre botones y máquinas automáticas es impaciente de los métodos más lentos y menos directos de alcanzar sus metas. Hemos estado tratando de aplicar métodos machineage a nuestras relaciones con Dios. Leemos nuestro:' capítulo, tienen las devociones cortas y correr lejos, con la esperanza de compensar nuestra quiebra profunda hacia el interior por asistir a otra reunión de Evangelio o escuchando otra historia apasionante contada por un aventurero religioso últimamente volvió desde lejos.

Los resultados trágicos de este espíritu están sobre nosotros. Baja vida, huecas filosofías religiosas, la preponderancia del elemento de diversión en las reuniones del Evangelio, la glorificación de los hombres, confiar en exterioridades religiosas, becas cuasi-religiosas, métodos de ventas, confundir la personalidad dinámica del poder del espíritu: estas y como estos son los síntomas de una enfermedad mal, una enfermedad grave y profunda del alma.

Esta gran enfermedad que se nos viene encima nadie persona es responsable, y ningún cristiano es totalmente libre de culpa. Nosotros hemos contribuido, directa o indirectamente, a esta triste situación. Hemos sido demasiado ciegos para ver, o demasiado tímidos para hablar o demasiado satisfecho de sí mismo desear nada mejor que la dieta media pobre que otros parecen satisfechos. Dicho de otro modo, hemos aceptado las nociones, copiado de otra vida y hecho las experiencias el modelo para la nuestra. Y para una generación la tendencia ha sido hacia abajo. Ahora hemos llegado a un lugar bajo de arena y quemado el cable pasto y, lo peor de todo, hemos hecho la palabra de verdad se ajusta a nuestra experiencia y aceptado este plano bajo como el mismo pasto de los bienaventurados.

Es necesario un corazón decidido y más que un poco de coraje para nosotros mismos la llave suelta de las manos de nuestros tiempos y volver a formas bíblicas. Pero se puede hacer. Cada ahora y entonces en el pasado que los cristianos han tenido que hacerlo. Historia ha registrado varias devoluciones de gran escala lideradas por tales hombres como Martin Luther, St Francis y George Fox. Por desgracia parece ser Fox ni Luther en el horizonte en la actualidad. O no se espera otro tal retorno antes de la venida de Cristo es una cuestión sobre la que los cristianos no son está plenamente de acuerdo, pero eso no es de gran importancia para nosotros ahora.

Qué Dios en su soberanía pueden aún a escala mundial no pretenden saber: pero lo que hará para el simple hombre o mujer que busca su rostro creo sabe y puede decir a los demás. Que ningún hombre girar a Dios en serio, que comienzan a ejercer él mismo para la piedad, que buscan desarrollar sus poderes de receptividad espiritual por la confianza y la obediencia y la humildad, y los resultados excederán cualquier cosa que puede esperar en sus días más delgados y más débiles.

Cualquier hombre que por el arrepentimiento y una vuelta sincera a Dios mismo romper el molde en el que se ha celebrado y se vaya a la Biblia misma sus normas espirituales, estarán encantado con lo encuentre allí.

Digámoslo otra vez: la presencia Universal es un hecho. Dios está aquí. Todo el universo está vivo con su vida. Y ningún Dios extraño o extranjero, pero el familiar padre de nuestro Señor Jesucristo cuyo amor ha envuelto durante estos miles de años la raza pecaminosa de los hombres. Y siempre está tratando de llamar nuestra atención, para revelarse a nosotros, para comunicarse con nosotros. Tenemos dentro de nosotros la capacidad de conocerlo si sólo responden a sus oberturas. (Y esto que llamamos Dios persiguiendo!) Lo sabremos en el aumento de grados que nuestra receptividad se convierte en el más perfecto de amor, fe y práctica.

Oh Dios y padre, me arrepiento f o mi pecado preocupación con cosas visibles. El mundo ha sido demasiado conmigo. Tú has estado aquí y no lo supe. He estado ciego a tu presencia. Abrir mis ojos que te en y alrededor de mí. Por amor a Cristo, Amen.

Capítulo 6

La voz habla

En el principio era el verbo y el verbo estaba con Dios y la palabra era Dios.-John 1:1

Un inteligente hombre llano, transmitido en las verdades del cristianismo, llegando en este texto, probablemente concluiría que John quería enseñar que es la naturaleza de Dios a hablar, a comunicar sus pensamientos a los demás. Y sería correcto. Una palabra es un medio por el cual se expresan pensamientos, y la aplicación del término al Hijo Eterno nos lleva a creer que expresarse es inherente a la divinidad, que Dios siempre está tratando de hablar de sí mismo a su creación. Toda la Biblia apoya la idea. Dios está hablando. No habló de Dios, pero Dios está hablando. Es por su naturaleza continua articular. Llena el mundo con su voz.

Una de las grandes realidades con las cuales tenemos que lidiar es la voz de Dios en su mundo. La cosmogonía más breve y sólo satisfactoria es ésta: "habló y fue hecho". El por qué de la ley natural es la viva voz de Dios inmanente en su creación. Y esta palabra de Dios que trajo a todos los mundos en que no puede ser entendida en el sentido de la Biblia, para él no es una palabra escrita o impresa, sino la expresión de la voluntad de Dios que habla dentro de la estructura de todas las cosas. Esta palabra de Dios es el aliento de Dios llenando el mundo con la potencialidad de vida. La voz de Dios es la fuerza más poderosa en la naturaleza, de hecho la única fuerza en la naturaleza, de toda energía está aquí sólo porque se habla la palabra llena de poder.

La Biblia es la palabra escrita de Dios, y porque está escrito es confinado y limitada por las necesidades de papel, tinta y cuero. La voz de Dios, sin embargo, está vivo y libre como el soberano Dios es libre. "Las palabras que os hablo son espíritu y son vida". La vida está en las palabras uso de la palabra. Palabra de Dios en la Biblia puede tener poder sólo porque corresponde a la palabra de

Dios en el universo. Es la voz actual que hace la palabra escrita Todopoderoso. De lo contrario mentiría sueño encerrado dentro de las tapas de un libro.

Tenemos una visión baja y primitiva de las cosas cuando nosotros concebir a Dios en la creación que entra en contacto físico con las cosas, conformación y montaje y la construcción como un carpintero. La Biblia enseña lo contrario: "por la palabra del Señor fueron los cielos hizo; y todo el ejército de ellos por el aliento de su boca... Porque el habló y fue hecho; mandó, y él estaba parado rápidamente. "Por la fe entendemos que los mundos fueron enmarcados por la palabra de Dios". Otra vez debemos recordar que Dios se refiere aquí no a su palabra escrita, sino a su voz. Se significa su voz llena de mundo, que voz que precede a la Biblia por siglos incontables, esa voz que no ha permanecido en silencio desde los albores de la creación, pero está sonando todavía a lo largo de todo el ahora llega del universo.

La palabra de Dios es rápida y potente. Al principio hablaba nada, y se convirtió en algo. Caos lo oyó y se convirtió en orden, la oscuridad lo oyó y se convirtió en luz. "Y Dios dijo- y así fue." Estas frases gemelas, como causa y efecto, se producen a lo largo de la historia de la génesis de la creación. Las dichas cuentas para el modo. El tan se lo pone en el presente continuo.

Que Dios está aquí y que él está hablando estas verdades están detrás de todas otras verdades de la Biblia; sin ellos no podría haber ninguna revelación en todos. Dios no escribe un libro y enviarlo por mensajero para ser leído a distancia por mentes sin ayuda. Habló un libro y vive en sus palabras, constantemente hablando sus palabras y haciendo que el poder de ellas persisten a través de los años. Dios sopló sobre el barro y se convirtió en un hombre; Él sopla sobre los hombres y se convierten en arcilla. "Retorno os hijos de los hombres," fue la palabra hablada en la caída por el cual Dios decretó la muerte de cada hombre, y ninguna palabra añadida tiene que necesitaba para hablar. La triste procesión de la humanidad a través de la faz de la tierra desde el nacimiento a la tumba es una prueba que su palabra original era suficiente.

No hemos prestado atención suficiente a que profunda expresión en el libro de Juan, "que era la verdadera luz, que ilumina a todo hombre que viene al mundo". Cambiar la puntuación alrededor de como vamos y la verdad todavía está allí: la palabra de Dios afecta el corazón de todos los hombres como luz en el alma. En los corazones de todos los hombres brilla la luz, los sonidos de la palabra, y no hay escapatoria les. Algo como esto de necesidad sería así si Dios está vivo y en su mundo. Y Juan dice que es así. Incluso aquellas personas que nunca han oído hablar de la Biblia todavía se predicó a con suficiente claridad para eliminar toda excusa de sus corazones para siempre. "Que muestran el trabajo de la ley escrita en sus corazones, su conciencia también teniendo testimonio y sus pensamientos la media mientras sea acusando o de lo contrario uno de otro excusa." "Porque las cosas invisibles de él desde la creación del mundo está claramente visto, siendo entendidas por las cosas que se hacen, aún su eterno poder y deidad; para que no tienen excusa."

Esta voz universal de Dios fue por los hebreos antiguos a menudo se llama sabiduría y se decía que era por todas partes sonido y busca por toda la tierra, buscando alguna respuesta de los hijos de los hombres. ¿Comienza el octavo capítulo del libro de proverbios, "tanto no grito de sabiduría? y comprensión a su voz?" El escritor entonces fotos de sabiduría como una hermosa mujer de pie "en"la parte superior de los lugares altos, por lo que en los lugares de los caminos. Ella suena la voz de cada cuarto para que nadie puede perderse escuchándola. "A vosotros, oh hombres, llamo; y mi voz es a los hijos de los hombres. Entonces ella aboga por la simple y los necios dar oído a sus palabras. Es respuesta espiritual para el que se declara esta sabiduría de Dios, una respuesta que ella siempre ha buscado y está pero raramente capaz de hacer. La tragedia es que nuestro bienestar eterno depende de nuestra audiencia, y hemos entrenado a nuestros oídos para no oír.

Esta voz universal siempre ha sonado, y ha preocupado a menudo los hombres aun cuando no entendían la fuente de sus temores. ¿Podría ser que esta voz de destilación como una niebla de la vida en el corazón de los hombres ha sido la causa desconocida de la conciencia atribulada y el anhelo de inmortalidad confesó por millones desde los albores de la historia? Necesitamos no miedo a enfrentarse a esto. La voz es un hecho. Cómo los hombres han reaccionado a es para que cualquier observador que tenga en cuenta.

Cuando Dios habló desde el cielo con nuestro Señor, los hombres egocéntricos que lo oyeron explicaron por causas naturales: ellos dijeron: "tronó." Este hábito de explicar la voz por apelaciones a la ley natural está en la raíz misma de la ciencia moderna. En la vida del cosmos la respiración hay una misteriosa, demasiado maravilloso, demasiado horrible para cualquier mente entender. El hombre creyente no pretende comprender. Él cae a sus rodillas y susurros, «Dios». El hombre de la tierra se arrodilla también, pero no para adorar. Él se arrodilla para examinar, para buscar, para encontrar la causa y el cómo de las cosas. Ahora nos pasan a estar viviendo en una era secular. Nuestros hábitos de pensamiento son los de la científica, no los del adorador. Es más probables explicar que to adoro. "Tronó," exclaman y seguir nuestro camino terrenal. Pero todavía la voz sonidos y búsquedas. El orden y la vida del mundo dependen de esa voz, pero los hombres son demasiado ocupados o demasiado terco para prestar atención.

Cada uno de nosotros ha tenido experiencias que no hemos sido capaces de explicar: un repentino sentimiento de soledad, un sentimiento de maravilla o asombro ante la inmensidad universal. O hemos tenido una visita fugaz de la luz como una iluminación de otro sol, dándonos la seguridad de que somos de otro mundo, que nuestros orígenes son divinos en un flash rápido. Lo que vimos allí, o fieltro o escuchado, pudo haber sido contrario a todo lo que nos habíamos enseñado en las escuelas y a la variación amplia con todos nuestros anteriores creencias y opiniones. Nos vimos obligados a suspender nuestras dudas adquiridas mientras que, por un momento, las nubes se deshacen y hemos visto y oído por nosotros mismos. Explicar tales cosas como nos va, creo que no hemos sido justos a los hechos hasta que nos permite al menos la posibilidad de que esas experiencias puedan derivarse de la presencia de Dios en el mundo y su persistente esfuerzo por comunicarse con la humanidad. Nos no desestimar tal una hipótesis demasiado frívolamente.

Es mi propia creencia (y aquí me voy no siento mal si nadie me sigue) que todo lo bueno y hermoso que el hombre ha producido en el mundo ha sido el resultado de su defectuosa y bloqueado por el pecado ante el sonido de voz creativo sobre la tierra. Los filósofos morales que soñaba sus sueños alto de la virtud, los pensadores religiosos, que especularon acerca de Dios y la inmortalidad, los poetas y artistas que las crearon en común cosas pura y duradera belleza: ¿Cómo explicarlos? No basta con decir simplemente, "genio." ¿Cuál es genio? ¿Podría ser que un genio es un hombre atormentado por la voz de habla, trabajando y luchando como una poseída para alcanzar objetivos que sólo vagamente entiende? Que el gran hombre puede haber perdido a Dios en sus trabajos, que incluso puede haber hablado o escrito contra Dios no destruye la idea de que estoy avanzando. Revelación redentora de Dios en las Sagradas Escrituras es necesaria guardar la fe y la paz con Dios. Fe en un Salvador resucitado es necesaria si la noche vaga hacia la inmortalidad nos traen a la relajante y satisfactoria comunión con Dios. Para mí esto es una explicación plausible de lo que es mejor de Christ. Pero puede ser un buen cristiano y no aceptar mi tesis.

La voz de Dios es una voz amable. Nadie debe temer escuchar a menos que él ya ha decidido resistir. La sangre de Cristo ha cubierto no solo la raza humana sino también toda la creación. "Y habiendo hecho la paz mediante la sangre de su cruz, por él reconciliar todas las cosas a sí mismo; por él, digo, ya sea en la tierra, o en los cielos. " Con seguridad podemos predicar un cielo amistoso. Los cielos y la tierra está llenos de la buena voluntad de aquel que habitó en la zarza. La perfecta sangre de la expiación asegura para siempre.

Quien escuchará escuchará el cielo habla. Definitivamente no es la hora cuando los hombres se toman amablemente a una exhortación a escuchar, porque escuchar no es hoy una parte de la religión popular. Estamos en el extremo opuesto del polo desde allí. La religión ha aceptado la herejía monstruosa que ruido, tamaño, actividad y bravatas un hombre querido por Dios. Pero podemos tener corazón. A un pueblo atrapado en la tempestad del último gran conflicto, Dios dice, "Estad quietos y conoced que yo soy Dios," y todavía lo dice, como si quiere nos dice que nuestra fortaleza y seguridad se encuentran no en el ruido pero en silencio.

Es importante que todavía a esperar en Dios. Y lo mejor que conseguimos solos, preferiblemente con nuestra Biblia es extendido delante de nosotros. Luego si vamos podemos acercarnos a Dios y empezar a oírle hablar con nosotros en nuestros corazones. Creo que para la persona promedio la progresión será algo como esto: primero un sonido como de una presencia caminando en el jardín. Entonces una voz, más inteligible, pero todavía lejos de ser claro. A continuación, el momento feliz cuando el espíritu comienza a iluminar las escrituras y que había sido sólo un sonido, o en el mejor una voz, ahora se convierte en una palabra inteligible, cálida e íntima y clara como la palabra de un querido amigo. Entonces vendrá vida y luz y lo mejor de todo, capacidad de ver y descansar en abrazar a Jesucristo como Salvador y Señor y a todos.

La Biblia nunca será un libro de la vida nos hasta que estemos convencidos que Dios es elocuente en su universo. Para saltar de un muerto, mundo impersonal a una Biblia dogmática es demasiado para la mayoría de la gente. Puede admitir que deberían aceptar la Biblia como la palabra de Dios y pueden tratar de pensar como tal, pero les resulta imposible creer que las palabras hay en la página son realmente para ellos. Un hombre puede decir: "estas palabras están dirigidas a mí," y todavía en su corazón no siente y sabe que son. Él es la víctima de una psicología dividida. Trata de pensar en Dios como mudo en todas partes más y sólo en un libro.

Creo que mucha de nuestra incredulidad religiosa se debe a una equivocada concepción de la y una sensación equivocada de las escrituras de la verdad. Un Dios silencioso de pronto comenzó a hablar en un libro y cuando el libro fue acabado transcurrido en silencio otra vez para siempre. Ahora leemos el libro como el registro de lo que Dios dijo cuando fue por un breve tiempo de uso de la palabra humor. Con nociones como en nuestra cabeza ¿cómo podemos creer? Los hechos son que Dios no es mudo, nunca ha sido silenciosa. Es la naturaleza de Dios a hablar. La segunda persona de la Santísima Trinidad es llamada la palabra. La Biblia es el resultado inevitable de la intervención continua de Dios. Es la declaración infalible de su mente para nosotros en nuestras palabras humanas.

Creo que un nuevo mundo surgirá de la niebla religiosa cuando nos acercamos a nuestra Biblia con la idea de que es no sólo un libro que fue hablado una vez, sino un libro que ahora está hablando. Los profetas habitualmente dijo: "así dice el Señor." Significaron a sus oyentes a comprender que hablar de Dios es en el presente continuo. Podemos usar correctamente el tiempo pasado para indicar que en un momento determinado una cierta palabra de Dios fue hablada, pero una palabra de Dios una vez hablado continúa a ser hablado, como un niño una vez nacido sigue viva, sigue existiendo un mundo una vez creado. Y esas son ilustraciones imperfectas, para niños mueren y mundos se queman, pero la palabra de nuestro Dios permanece para siempre.

Si le sigues a conocer al Señor, ven a la vez a la Biblia abierta lo esperaba para hablar con usted. No vienen con la idea de que es una cosa que usted puede empujar a su conveniencia. Es más que una cosa, es una voz, una palabra, la palabra del Dios viviente.

Señor, enséñame a escuchar. Los tiempos son ruidosos, y mis oídos están cansados con los mil sonidos estridentes que continuamente les agreden. Dame el espíritu del niño Samuel cuando dijo a ti, "Habla, porque tu siervo oye". Déjame oír te habla en mi corazón. Que me han utilizado para el sonido de tu voz, que sus tonos sean familiares cuando los sonidos del dado de la tierra y el único sonido será la música de tu voz. Amén.

Capítulo 7

La mirada del alma

Mirando a Jesús el autor y consumador de nuestra fe-Heb. 12:2

Pensemos nuestra inteligente hombre llano mencionado en próximos seis cnapter por primera vez a la lectura de las escrituras. Acerca a la Biblia sin ningún conocimiento previo de lo que contiene. Él es totalmente sin prejuicios; tiene nada que demostrar y nada que defender.

Un hombre no habrá leído largo hasta que su mente comience a observar ciertas verdades de pie de la página. Son los principios espirituales del registro de los tratos de Dios con los hombres y tejido en los escritos de hombres santos fueron movidos por el Espíritu Santo." Como Lee en él podría querer número estas verdades ya que llegado a estar claros a él y hacen un breve resumen de cada número. Estos resúmenes serán los principios de su credo bíblico. Lectura adicional no afecta estos puntos excepto to ampliarlas y reforzarlas. Nuestro hombre es averiguar lo que realmente enseña la Biblia.

Arriba en la lista de cosas que la Biblia enseña que es la doctrina de la fe. El lugar de importancia peso que la Biblia da fe será demasiado simple para que te pierdas. Él muy probablemente concluirá: la fe es importantísima en la vida del alma. Sin fe es imposible agradar a Dios. Fe me ponen nada, no llevarme en cualquier lugar en el Reino de Dios, sin fe puede haber ningún planteamiento para Dios no hay perdón, no hay liberación, hay salvación, sin comunión, ninguna vida espiritual en todo.

Por el momento que nuestro amigo ha alcanzado el capítulo 11 de Hebreos el elocuente encomio que allí se pronuncia sobre fe no parecerá extraño a él. Él habrá leído defensa poderosa de Paul de la fe en sus epístolas romanos y Gálatas. Si va estudiar historia de la iglesia entendía el sorprendente poder de las enseñanzas de los reformadores que más adelante demostró el lugar central de la fe en la religión cristiana.

Ahora si la fe es de tan vital importancia, si es un indispensable en nuestra búsqueda de Dios, es perfectamente natural que deberíamos estar profundamente preocupadas sobre si poseemos este don más preciado. Y nuestra mente ser lo que son, es inevitable que tarde o temprano debemos llegar a preguntar después de la naturaleza de la fe. ¿Qué es fe? ¿se encuentran cerca de la pregunta, ¿tengo fe? y demanda una respuesta si se tratara de algún lugar donde se encuentra.

Casi todos los que predican o escribir sobre el tema de la fe tienen mucho lo mismo que decir referente a lo. Nos dicen que es creer una promesa, que es Dios en su palabra, que es contar la Biblia verdadera y caminar hacia fuera sobre él. El resto del libro o sermón se toma generalmente con historias de personas que han tenido sus oraciones contestadas como resultado de su fe. Estas respuestas son en su mayoría directos regalos de carácter práctico y temporal tales como salud, dinero, protección física o éxito en los negocios. O si el maestro está de vuelta filosófica de la mente puede tomar otro curso y nos pierde en un welter de metafísica o nos bajo la nieve con jerga psicológica define y redefine, pelado el pelo delgado de la fe más delgado y más fino hasta que desaparece en virutas de gasa en el último. Cuando él haya terminado nos levantamos decepcionado y salir "por esa misma puerta donde en nos fuimos." Seguramente debe haber algo mejor que esto.

En las escrituras no hay prácticamente ningún esfuerzo para definir la fe. Fuera de una breve definición de catorce palabras en Hebreos 11:1, conozco ninguna definición bíblica, y aun hay fe se define funcionalmente, no filosófico; es decir, es una declaración de qué fe se encuentra en funcionamiento, no lo que es en esencia. Se asume la presencia de la fe y muestra lo que es el resultado, en lugar de lo que es. Seamos sabios ir sólo tan lejos y tratar de ir no más lejos. Se nos dice de dónde viene y por lo que significa: "La fe es un don de Dios," y "Fe viene por el oír y el oír por la palabra de

Dios." Esto está claro, y parafraseando a Thomas a Kempis, "había algo ejerzo fe que sabe la definición de los mismos."

De aquí en adelante, cuando las palabras "la fe es" o su equivalente se presentan en este capítulo le pido que ser entendido para referirse a lo que la fe es en funcionamiento como ejercida por un hombre creyente. Justo aquí nos deje caer la noción de definición y pensar acerca de la fe como puede ser experimentado en la acción. La tez de nuestros pensamientos será a práctico, no teórico.

En una dramática historia en el libro de números se ve fe en acción. Israel llegó a ser desanimado y habló contra Dios y el Señor envió serpientes ardientes entre ellos. "Y la gente; y murió mucho pueblo de Israel. Entonces Moses buscaban al Señor por ellos y escuchó y les dio un remedio contra la mordedura de las serpientes. Mandó a Moses para hacer una serpiente de bronce y ponerlo sobre un poste a la vista de todas las personas, y vendrá a pasar, que todo el que es mordido, cuando mira en él, vivirá." Moses obedecieron, "y aconteció, que si una serpiente había mordido a cualquier hombre, cuando vio a la serpiente de bronce, él vivió" (núm. 21:4-9).

En el nuevo testamento esta poco importante de la historia se interpreta para nosotros por no menos de una autoridad que nuestro Señor Jesucristo mismo. Él está explicando a sus oyentes cómo puede salvarse. Él les dice que es por creer. Entonces para que sea claro se refiere a este incidente en el libro de números. "Como Moses levantó la serpiente en el desierto, así debe el hijo del hombre levantado: que todo aquel que cree en él no perezca, mas tenga vida eterna" (John 3:1415).

Nuestro hombre llano en leyendo esto haría un importante descubrimiento. Darían cuenta que "look" y "creer" era términos sinónimos. "Mirando" en la serpiente del Antiguo Testamento es idéntico con "creer" en el nuevo testamento de Cristo. Es decir, la busca y la creencia son la misma cosa. Y se entendía que aunque Israel miraba con los ojos externos, creyendo que se hace con el corazón. Creo que él concluiría que *la fe es la mirada de un alma con un ahorro de Dios.*

Cuando vio esto recordaría pasajes que había leído antes y su significado vendrían inundaciones sobre él. "Miraron a él y fueron aligerados: y sus rostros no fueron avergonzados" (Psa. 34:5). "A ti Levante I mis ojos, Oh tú que habitas en los cielos. He aquí, como los ojos de mirada de siervos a la mano de sus amos y como los ojos de una doncella a la mano de su señora; por lo que nuestros ojos esperarán en el Señor nuestro Dios, que le tenga misericordia de nosotros"(Psa. 123:1-2). Aquí se concede al hombre que buscan misericordia ve directamente al Dios de la misericordia y nunca toma sus ojos lejos de él hasta misericordia. Y nuestro Señor mismo siempre miraba a Dios. "Mirando hacia arriba al cielo, bendijo y freno y dio el pan a sus discípulos" (Mateo 14:19). De hecho, Jesús enseñó que había forjado sus obras manteniendo siempre su mirada hacia adentro en su padre. Su poder pone en su continua mirada a Dios (Juan 5:19-21).

En completo acuerdo con los pocos textos que hemos citado es el tenor entero de la palabra inspirada. Se resume para nosotros en la epístola de Hebreos cuando nos instruidos para correr la carrera de la vida "busca a Jesús el autor y consumador de nuestra fe". De todo esto aprendemos que la fe no es un acto hecho de una vez, pero una mirada continua del corazón en el Dios uno y trino.

Creer, entonces, es dirigir la atención del corazón a Jesús. Elevación de la mente "he aquí el cordero de Dios" y nunca dejar contemplar el resto de nuestras vidas. Al principio esto puede ser difícil, pero es más fácil mirar constantemente a su maravillosa persona, tranquilamente y sin agobios. Las distracciones pueden dificultar, pero una vez que el corazón está comprometido con él, después de cada breve excursión lejos de él la atención volverá otra vez y resto sobre él como un pájaro errante a su ventana.

Subrayo esta un internamiento, esta un gran acto volitivo que establece la intención del corazón de mirar siempre a Jesús. Dios toma esta intención de nuestra elección y permite que las que él debe para las mil distracciones que nos acosan en este mundo malvado. Él sabe que nos hemos puesto la dirección de nuestro corazón hacia Jesús, y podemos saber demasiado y nosotros de la comodidad con el conocimiento que está formando un hábito del alma que se volverá después de un tiempo un reflejo de algo espiritual que requiere esfuerzo no más consciente de nuestra parte.

La fe es la menos exclusivista de las virtudes. Es por su propia naturaleza apenas consciente de su propia existencia. Como el ojo que ve todo delante de ella y nunca se ve, la fe se ocupa con el objeto sobre el cual descansa y no paga ninguna atención a sí mismo en todos. Mientras estamos mirando a Dios que no vemos riddance nosotros bendecidos. El hombre que ha luchado por purificarse y ha tenido más que fracasos repetidos experimentará un alivio real cuando él deja de juguetear con su alma y parece lejos de ideal. Mientras que él mira a Cristo las cosas que ha tanto tiempo intentando hacer que se realizarán dentro de él. Es Dios obrando en él el querer como el hacer.

La fe no es en sí mismo un acto meritorio; el mérito está en el hacia quien se dirige. La fe es una reorientación de nuestra vista, un salir del foco de nuestra propia visión y Dios consigue en foco. Pecado ha torcido nuestra visión interior y hecho con respecto uno mismo a. Incredulidad ha puesto donde Dios debe estar, y está peligrosamente cerca del pecado de Lucifer, que dijo: "Pondré mi trono sobre el trono de Dios". Fe mira hacia fuera en vez de en y la vida entera cae en línea.

Todo esto puede parecer demasiado simple. Pero no hay disculpa para hacer. A aquellos que pretenden subir al cielo después de la ayuda, o descender al infierno, Dios dice, "la palabra está cerca de ti, incluso la palabra de fe". La palabra nos induce a levantar nuestros ojos al Señor y comienza la bendita obra de fe.

Cuando levantamos nuestros ojos hacia dentro para contemplar a Dios, estamos seguros de satisfacer amigable ojos mirando hacia nosotros, pues está escrito que los ojos del Señor corren hacia adelante y atrás a lo largo de toda la tierra. El dulce lenguaje de la experiencia es "Dios ves me." Cuando los ojos del alma mirando con los ojos de Dios en, cielo ha comenzado aquí en esta tierra.

"Cuando todo mi esfuerzo se gira hacia ti porque tu esfuerzo se gira hacia mí; Cuando miro a ti sola con toda mi atención, ni jamás volverán los ojos de mi mente, porque tú me arropaban con tu constante respeto; Cuando dirijo mi amor hacia ti solo debido tú, amantes del arte sí mismo has convertido te hacia mí solo. ¿Y qué, Señor, es mi vida, excepto aquel abrazo en el que tu dulzura deleitosa que tan amorosamente me arropaban? 1 entonces escribió a Nicolás de Cusa hace cuatrocientos años.

Me gustaría decir más acerca de este viejo hombre de Dios. No es muy conocido hoy en cualquier lugar entre los creyentes cristianos y entre los fundamentalistas actuales no se le conoce. Creo que podríamos ganar mucho de un poco conocido con hombres de su sabor espiritual y de la escuela de Christian piensa que representan. Literatura cristiana, ser aceptado y aprobado por los líderes evangélicos de nuestros tiempos, debe seguir muy de cerca el mismo tren de pensamiento, una especie de "línea de partido" de la que es apenas seguro salen. Medio siglo de esta América nos ha hecho presumido y contenido. Imitamos unos a otros con devoción esclavizante y nuestros más denodados esfuerzos se ponen a tratar de decir lo mismo que todo el mundo que nos rodea es decir - y aún a encontrar una excusa para que decirlo, algunos seguro poca variación sobre el tema aprobado o, si no más, por lo menos una ilustración nueva.

Nicolás era un verdadero seguidor de Cristo, un amante del Señor, radiante y brillante en su devoción a la persona de Jesús. Su teología era ortodoxo, pero fragante y dulce como todo lo de Jesús correctamente se puede esperar que sea. Su concepción de la vida eterna, por ejemplo, es hermoso en sí mismo y, si no, me equivoco está cerca en espíritu a Juan 17:3 que es corriente entre nosotros hoy. Vida eterna, dice Nicolás, es "nada que no sea bendecido respeto que tú nunca ceasest a mí, sí, incluso los lugares secretos de mi alma. Contigo, para ver es dar vida; ' tis sin cesar para impartir más dulce amor de ti; "tis a inflamarme gusta de ti amor impartiendo y me alimentan por retraso que inflama y de alimentación para encender mi anhelo, por leña para hacerme beber del rocío de la alegría y bebiendo para infundir en mí una fuente de la vida y por la infusión para aumentar y soportar." 2

Ahora, si la fe es la mirada del corazón en Dios y si esta mirada es levantar los ojos hacia adentro para cubrir los ojos allseeing de Dios, entonces sigue que es lo más fácil posible. Sería como Dios para facilitar la cosa más importante y lugar dentro de la gama de posibilidad para los más débiles y más pobres de nosotros.

Varias conclusiones se pueden dibujar bastante de todo esto. La simplicidad de la misma, por ejemplo. Ya que creer es mirar, se puede hacer sin equipo especial o parafernalia religiosa. Dios ha visto a él que lo esencial de la vida anddeath uno nunca puede ser sujeto a los caprichos de accidente. Equipo puede descomponer o perderse, agua puede escaparse lejos, registros pueden ser destruidos por el fuego, el ministro puede retrasarse o quemar la iglesia. Todos estos son externos al alma y están sujetos a accidentes o fallas mecánicas: pero es el corazón y se puede hacer con éxito por cualquier hombre de pie, arrodillarse o mentir en su última agonía 1 mil millas de cualquier iglesia.

Ya que creer que está buscando se puede hacer cualquier momento. Ninguna temporada es superior a otra temporada para esto más dulce de todos los actos. Dios nunca hizo salvación dependen de lunas nuevas ni días santos o días de reposo. Un hombre no es más cerca de Christ el domingo de Pascua que él es, digamos, en el sábado, 3 de agosto, o el lunes, 4 de octubre. Como Cristo se sienta en el trono mediador cada día es un buen día y todos los días son días de salvación.

Materia ni lugar en este bendito trabajo de creer en Dios. Levante su corazón y se deja reposar a Jesús y al instante en un refugio aunque sea una litera Pullman o una fábrica o una cocina. Puede ver Dios desde en cualquier lugar si tu mente está en aman y le obedecen.

¿Ahora, alguien puede preguntar, "no es este del que hablas para personas especiales como monjes o de Ministros que tienen por la naturaleza de su pide más tiempo para dedicar a la meditación silenciosa? Soy un trabajador ocupado y tengo poco tiempo para pasar solo". Me complace decir que la vida que describo es para todos los hijos de Dios independientemente de la vocación. Es, de hecho, felizmente practicado cada día por muchas de las personas de trabajo duro y está fuera del alcance de nadie.

Muchos han encontrado el secreto de que hablo y, sin darle mucho pensamiento a lo que está sucediendo dentro de ellos, practicar constantemente este hábito de mirar interiormente a Dios. Ellos saben que algo dentro de sus corazones ve Dios. Incluso cuando ellos están obligados a retirar su atención consciente para participar en asuntos terrenales que es dentro de ellas una comunión secreta sucediendo siempre. Deje que su atención sino liberarse por un momento de negocio necesaria y vuela a la vez a Dios otra vez. Este ha sido el testimonio de muchos cristianos, tantas que incluso cuando estado por lo tanto tengo la sensación que estoy citando, aunque de quién o de cuántos no puedo posiblemente saber.

No quiero dejar la impresión de que los medios ordinarios de gracia no tienen valor. Aseguro que tienen. Oración privada debe ser practicada por todo cristiano. Largos períodos de meditación de la Biblia se purifica a nuestra mirada y dirigirla; asistencia a la iglesia será ampliar nuestra perspectiva y aumentar nuestro amor por los demás. Servicio y el trabajo y la actividad; todos son buenos y deben comprometerse por todos los cristianos. Pero en el fondo de todas estas cosas, dando significado a los mismos, será la costumbre hacia el interior de Dios observa. Un nuevo conjunto de ojos (es un decir) desarrollará en nosotros permitiéndonos estar buscando a Dios mientras nuestros ojos hacia afuera viendo las escenas de este mundo de paso.

¿Alguien puede temer que estamos magnificando religión privada fuera de toda proporción, que el "nosotros" del Nuevo Testamento es desplazado por un egoísta "L" nunca ocurrido a usted que cien pianos todos sintonizados a la misma horquilla se ajustan automáticamente entre sí? Están de acuerdo por ser atentos, no a otras, pero al otro estándar para que cada uno individualmente debe de proa. Así cien adoradores se reunieron, cada uno mirando a Cristo, son de corazón más cerca unos a otros lo que posiblemente podrían ser eran para convertirse en "unidad" consciente y girar los ojos de Dios para luchar por la más estrecha comunión. Religión social se perfecciona cuando se purifica la religión privada. El cuerpo se vuelve más fuerte que sus miembros se convierten en más saludables. La iglesia entera de Dios gana cuando los miembros que lo componen comienzan a buscar un mejor y mayor vida.

Todo lo anterior presupone el verdadero arrepentimiento y un compromiso completo de la vida a Dios. Es apenas necesario mencionar esto, porque solamente las personas que han hecho tal compromiso habrá leer esto ahora.

Cuando el hábito de mirar interiormente hacia Dios se convierte en fijo dentro de nosotros nos habremos llevados hacia un nuevo nivel de vida espiritual más en consonancia con las promesas de Dios y el estado de ánimo del nuevo testamento. Dios uno y Trino será nuestra morada, aun cuando nuestros pies a pie el camino bajo del simple deber aquí entre los hombres. Habrá encontrado b de summum de la vida ® num de hecho. "Es la fuente de todos los placeres que puede desear; no sólo puede nada mejor ser pensado por los hombres y los Ángeles, pero nada más puede existir en cualquier modo de ser! Para que es el máximo absoluto de cada deseo racional, de que no puede ser mayor". 3

Oh Señor, he oído una buena palabra invitándome a mirar de lejos a ti y estar satisfechos. Mi corazón anhela para responder, pero el pecado ha nublado mi visión hasta verte pero débilmente. Agradecería que me limpies en tu sangre preciosa y me hacen interiormente pura, así que yo puedo con ojos dio a conocer la mirada sobre ti todos los días de mi peregrinaje terrenal. Entonces debo estar preparado para he te aquí en todo esplendor en el día cuando tú serás parecen ser glorificado en tus santos y admirado en todos los que creen. Amén.

1. Nicolás de Cusa, la visión de Dios, B. P. Dutton & Co., Inc., Nueva York, 1928. Esta y las siguientes citas utilizadas por el permiso de los editores.

2 la visión de Dios

3 la visión de Dios

Capítulo 8

Restauración de la relación Creador-criatura

Ser que tú exaltado, oh Dios, por encima de los cielos; que tu gloria sea por encima de todo la tierra.-Psa. 57:5

Es una perogrullada decir que el orden en la naturaleza depende de las relaciones de derecho; para lograr la armonía cada cosa debe estar en su posición correcta en relación con cada uno otro cosa. En la vida humana no es lo contrario.

He insinuado antes en estos capítulos que la causa de todas nuestras miserias humanas es una dislocación moral radical, un malestar en nuestra relación con Dios y entre sí. Para cualquier otra cosa que la caída pudo haber sido, sin duda fue un cambio brusco en la relación del hombre con su creador. Adoptó una actitud alterada hacia Dios, y por así hacerlo destruye a la relación Creatorcreature adecuada en la que, desconocido a él, su verdadera felicidad pone. Esencialmente la salvación es la restauración de una correcta relación entre el hombre y su creador, un traer de vuelta a la normalidad de la relación Creador-criatura.

Una vida espiritual satisfactoria comienza con un cambio completo en la relación entre Dios y el pecador; no un judicial simplemente, sino una consciente y experimentado cambio que afecta a toda la naturaleza del pecador. La expiación de la sangre de Jesús hace este cambio judicial posible y el trabajo del Espíritu Santo lo hace emocionalmente satisfactorio. La historia del hijo pródigo ilustra perfectamente esta última fase. Había traído un mundo de problemas sobre sí mismo por abandonar la posición que él había sostenido correctamente como hijo de su padre. En la parte inferior su restauración no era más que un restablecimiento de la relación de padre e hijo que había existido desde su nacimiento y había sido alterada temporalmente por su acto de rebelión pecaminosa. Esta historia da a los aspectos legales de la redención, pero aclara muy bien los aspectos experienciales de la salvación.

Determinar las relaciones tenemos que empezar en alguna parte. Debe haber en alguna parte un centro fijo contra el cual se mide todo lo demás, donde no entra en la ley de la relatividad y podemos decir "Es" y no compensar. Tal centro es Dios. Cuando Dios quiso dar su nombre conocido a la humanidad no pudo encontrar ninguna palabra mejor que "Yo soy". Cuando habla en primera persona dice: «Yo soy»; Cuando hablamos de él nos dice, «Él es»; Cuando hablamos le decimos: "Tú eres". Todo el mundo y todo lo demás se mide desde ese punto fijo. "Yo soy el que soy," dice Dios, "cambio no".

Como el marinero localiza su posición en el mar "disparando" el sol, así que podemos conseguir nuestros cojinetes Morales mirando a Dios. Tenemos que empezar con Dios. Estamos justo cuando y sólo cuando estamos en una posición correcta en relación con Dios, y estamos mal hasta ahora y siempre y cuando nos encontramos en cualquier otra posición.

Gran parte de nuestra dificultad como cristianos que buscan proviene de nuestra falta de voluntad de tomar a Dios como es y ajustar nuestras vidas en consecuencia. Insistimos en tratar de modificarlo y traerlo más cerca de nuestra propia imagen. La carne lloriquea contra el rigor de la sentencia inexorable de Dios y suplica como Agag por misericordia un poco, una pequeña indulgencia de su manera carnal. Es inutil. Podemos conseguir un arranque correcto sólo por aceptar a Dios como él es y aprender a amarlo por lo que es. Como pasamos a conocerlo mejor vamos encontramos una fuente de gozo inefable que Dios es lo que es. Algunos de los momentos más entusiasta que sabemos serán los que pasamos en reverente admiración de la Deidad. En esos momentos Santo el pensar en cambio en él será muy doloroso que soportar.

Así que empecemos con Dios. Detrás de todo, sobre todo, antes de que todo es Dios; primero en secuencial, sobre la orden en fila y de la estación, exaltado en honor y dignidad. Como el autoexistente, dio a todas las cosas, y todas las cosas existen fuera de él y para él. "Tú eres digno, oh Señor, de recibir gloria y honor y poder: porque tú has creado todas las cosas, y tu placer son y fueron creados."

Cada alma pertenece a Dios y existe por su placer. Dios es quién y lo que él es, y siendo que y lo que somos, la relación sólo pensable entre nosotros es uno de completo señorío por su parte y completa presentación sobre nuestro. Le debemos todo honor que está en nuestro poder para darle. Nuestro eterno dolor radica en darle nada menos.

La búsqueda de Dios integrará el trabajo de traer nuestra personalidad total en conformidad a su. Y esto no judicialmente, pero en realidad. Yo no aquí se refieren al acto de la justificación por la fe en Cristo. Hablo de un voluntario que exalta a Dios a su estación adecuada sobre nosotros y una entrega dispuesta de todo nuestro ser en el lugar de adoración presentación que la circunstancia de Creatorcreature adecuada.

El momento nos decidirnos que vamos con esta determinación para exaltar a Dios sobre la rozadura que paso de desfile del mundo. Nos encontraremos fuera de ajuste a las formas del mundo y cada vez más como progresamos en el camino Santo. Podremos adquirir un nuevo punto de vista; una nueva psicología se formará dentro de nosotros; una nueva potencia comienza a sorprendernos por su upsurgings y sus gastos.

Nuestra ruptura con el mundo será el resultado directo de nuestra relación cambiada con Dios. Para el mundo de los hombres caídos no honra a Dios. Millones se llaman por su nombre, es cierto y pagar que algunos token respecto a él, pero una simple prueba demostrará lo poco realmente es honrado entre ellos. Que el hombre medio se someta a la prueba sobre la cuestión de quién está por encima, y expondrá su posición. Que ser forzados a escoger entre Dios y el dinero, entre Dios y los hombres, entre Dios y ambición personal, Dios y yo, Dios y el amor humano, y Dios llevará a cabo segundo cada vez. Esas otras cosas serán exaltadas por encima de. Sin embargo el hombre puede protestar, la prueba está en las opciones que realiza día tras día a lo largo de su vida.

"Tú exaltado" es el lenguaje de la experiencia espiritual victoriosa. Es una llave pequeña para abrir la puerta a grandes tesoros de la gracia. Es central en la vida de Dios en el alma. Que el hombre buscando llegar a un lugar donde la vida y los labios para decir continuamente «Ser tú exaltado» y 1 mil menores problemas se resolverán a la vez. Su vida cristiana deja de ser lo complicado había sido antes y se convierte en la esencia de la simplicidad. Por el ejercicio de su voluntad ha fijado su curso, y en ese curso se quedará como si guiado por un piloto automático. Si está fuera de su curso por un momento por un viento adverso seguramente volverá otra vez como por que un secreto doblado del alma. Los movimientos ocultos del espíritu están trabajando a su favor, y "las estrellas en sus cursos de" luchan por él. Conoció a su problema de la vida en su centro, y todo lo demás debe seguir. Que nadie imagine que va a perder nada de la dignidad humana por esta capitulación voluntaria de todo a su Dios. Él no por esto se degradan a sí mismo como un hombre; más bien encuentra su lugar adecuado de alto honor como uno hecho a la imagen de su creador. Su profunda desgracia pone en su enajenación moral, su antinatural usurpación del lugar de Dios. Su honor será probado restaurando otra vez ese trono robado. En que exalta a Dios sobre todas las cosas que encuentra su más alto honor confirmada.

Cualquier persona que podría sentirse reacios a renunciar a su se a la voluntad de otro debe recordar las palabras de Jesús, "todo aquel que comete pecado es siervo de pecado". Debemos necesariamente ser criado a alguien, ya sea a Dios o al pecado. El pecador se enorgullece de su independencia, domina completamente el hecho de que él es el débil esclavo de los pecados que sus miembros. El hombre que se rinde a Cristo intercambia un negrero cruel de un amable y gentil Maestro cuyo yugo es fácil y cuya carga es ligera.

Hecho como en la imagen de Dios apenas encontramos extraño a reanudar nuestro Dios como nuestro todo. Dios fue nuestro hábitat original y nuestros corazones no pueden sentirse en casa cuando entran otra vez en esa antigua y bella morada.

Espero que sea claro que hay una lógica detrás pretenden de Dios preeminencia. Ese lugar es suyo por derecho en la tierra o el cielo. Mientras que nos ocurren a nosotros mismos la que es su todo el curso de nuestras vidas es de la Junta. No se o puede restaurar el orden hasta que nuestros corazones toman la gran decisión: Dios será exaltado por encima de.

"Que me honor honrará," dijo Dios una vez un sacerdote de Israel y esa ley antigua de los soportes Unido hoy sin cambios por el paso del tiempo o los cambios de dispensación. Toda la Biblia y todas las páginas de historia proclaman la perpetuación de esta ley. "Si alguno me sirve, le hará el honor de mi padre," dijo nuestro Señor Jesús, atando en el viejo con el nuevo y revela la unidad esencial de sus caminos con los hombres.

A veces la mejor manera de ver una cosa es mirar su opuesto. Eli y sus hijos se colocan en el sacerdocio con la estipulación de honrar a Dios en sus vidas y Ministerio. Esto no lo hacen y Dios envía a Samuel a anunciar las consecuencias. Desconocido a Eli esta ley de honor recíproco ha estado trabajando todo el tiempo secretamente, y ahora ha llegado el momento de juicio a caer. Ofni y Phineas, los sacerdotes degenerados, caer en batalla, la esposa de Ofni muere en el parto, Israel huye delante de sus enemigos, el arca de Dios es capturado por los filisteos y el anciano Elí cae hacia atrás y muere de un cuello quebrado. Así cruda tragedia absoluta siguió al fracaso de Elí para honrar a Dios.

Frente a este ajuste casi cualquier personaje de la Biblia que honestamente intentaron glorificar a Dios en su caminar terrenal. Ver cómo Dios guiñó un ojo a las debilidades y se pasa por alto fallas que él derrame sobre sus siervos gracia y bendición incalculable. Que sea Abraham, Jacob, David, Daniel, Elías o a quien se quiere; honor seguido honor como la cosecha de la semilla. El hombre de Dios establece su corazón para exaltar a Dios sobre todo; Dios aceptó su intención como un hecho y actuado en consecuencia. No la perfección, pero Santa intención hizo la diferencia.

En nuestro Señor Jesucristo esta ley fue considerada en la simple perfección. En su humilde humanidad humilló a sí mismo y con mucho gusto le dio toda la gloria a su padre en el cielo. Busca no su propio honor, pero el honor de Dios que lo enviaban. -Si honor me,"él dijo en una ocasión,"mi honor es nada; es mi padre que me honra". Hasta ahora habían salido los fariseos orgullosos de esta ley que no podían entender que honra Dios a sus propias expensas. "Honrar a mi padre," dijo Jesús, "y vosotros me deshonran.

Otra frase de Jesús y más inquietante, fue puesto bajo la forma de una pregunta, "¿Cómo puede creer, que recibir honor uno de otro y buscar no el honor que viene de Dios?" Si lo entiendo correctamente Cristo enseñó aquí la doctrina alarmante que el deseo de honor entre los hombres hizo creer imposible. ¿Este pecado es la raíz de la incredulidad religiosa? ¿Podría ser que esas "dificultades intelectuales" la culpa por su incapacidad para creer que los hombres son sino cortinas de humo para ocultar la verdadera causa se encuentra detrás de ellos? ¿Fue este deseo codicioso para el honor del hombre que hizo que los hombres en los fariseos y de los fariseos en Deicides? ¿Este es el secreto detrás de santurronería religiosa y culto vacío? Creo que puede ser. Todo el curso de la vida está molesto por no poner a Dios donde él pertenece. Exaltar a nosotros mismos en lugar de Dios y la maldición sigue.

En nuestro deseo de Dios nos mantenga siempre en mente que Dios también tiene deseo y su deseo es hacia los hijos de los hombres y más particularmente hacia los hijos de los hombres que la decisión de una vez por todas le exaltará sobre todas las cosas. Como estas son preciosas a Dios por encima de todos los tesoros de la tierra o el mar. En los hallazgos de Dios un teatro donde él puede mostrar su superior a bondad hacia nosotros en Cristo Jesús. Con ellos Dios puede caminar sin trabas, hacia ellos puede actuar como Dios, él es.

Así al hablar tengo un temor; es que yo puedo convencer a la mente antes de que Dios puede ganar el corazón. Para este Dios sobre todo posición es una no fácil de tomar. La mente puede aprobarlo sin tener el consentimiento de la voluntad para poner en práctica. Mientras que la imaginación corre por delante para honrar a Dios, la voluntad puede retrasarse detrás y el hombre nunca adivinar cómo dividido está su corazón. El hombre entero debe tomar la decisión antes de que el corazón puede saber ninguna satisfacción real. Dios quiere que todos nosotros, y él no descansará hasta que él consigue todos nosotros. Ninguna parte del hombre va a hacer.

Oremos sobre esto en detalle, nos lanza a los pies de Dios y todo lo que dices decir. Nadie que reza así en sinceridad necesita esperar tiempo para fichas de aceptación divina. Dios revelará su gloria ante los ojos de su siervo, y pondrá todos sus tesoros a disposición de estos a uno, porque sabe que su honor está a salvo en esas manos consagradas.

Oh Dios, tú exaltado por mis posesiones. Nada de los tesoros de la tierra os parezca Estimado a mí, si sólo tú eres glorificado en mi vida. Tú exaltado en mis amistades. Estoy decidido que serás por encima de todo, aunque debo estoy abandonado y solo en medio de la tierra. Tú exaltado por encima de mi comodidad. Aunque significa la pérdida de comodidades corporales y la realización de pesadas cruces yo mantendré mi promesa este día ante ti ser tú exaltado sobre mi reputación. Make me ambicioso para ti incluso si como resultado debo hundir en la oscuridad y mi nombre sea olvidado como un sueño. Se levantan, Señor, en tu lugar de honor, por encima de mis ambiciones, sobre mis gustos y disgustos, sobre mi familia, mi salud y mi propia vida. Me deja disminuir que tú podrás aumentar, me deja hundir tú seas subida arriba. Paseo a mí como tú viajar a Jerusalén montado sobre la bestia de poco humilde, un potro, el potro de un asno y déjame oír a los niños llorar a ti, "¡ Hosanna en las alturas."

Capítulo 9

Mansedumbre y reposo

*Bienaventurados los mansos: porque ellos heredarán la tierra.-
Matt. 5:5*

Una descripción bastante exacta de la raza humana podría ser
equipada uno ignorante con él tomando las Bienaventuranzas,
volviéndolos del revés hacia fuera y diciendo, "aquí la raza
humana". Por el contrario exacto de las virtudes en las
Bienaventuranzas son las mismas cualidades que distinguen la vida
humana y conducta.

En el mundo de los hombres vemos nada acerca de las virtudes de
la que hablaba de Jesús en las palabras de apertura del famoso
sermón del Monte. En vez de la pobreza de espíritu nos
encontramos con la clase más flagrantes de orgullo; en lugar de
dolientes encontramos solicitantes de placer; en lugar de humildad,
arrogancia; en lugar de hambre de justicia que escuchamos a los
hombres diciendo: "Soy rico y enriquecido y tiene necesidad de
nada"; en lugar de misericordia nos encontramos con crueldad; en
lugar de la pureza de corazón, corromper la imaginación; en vez de
pacificadores encontramos a hombres pendencieros y resentidos;
en lugar de regocijo en maltrato que encontramos luchando con
cada arma en su comando.

De este tipo de cosas Morales se compone la sociedad civilizada.
La atmósfera esta cargada con él; respirar con cada respiración y
beberlo con leche de la madre. Cultura y la educación refinan un
poco estas cosas pero les dejan básicamente intacto. Todo un
mundo de la literatura se ha creado para justificar este tipo de vida
que el sólo normal. Y esto es más al ser preguntado en viendo que
estos son los males que hacen vida en la lucha amarga es para
todos nosotros. Todas nuestras angustias y muchos de nuestros
males físicos primavera directamente de nuestros pecados.
Orgullo, arrogancia, resentfulness, imaginaciones mal, malicia,

avaricia: estas son las fuentes del dolor humano que todas las enfermedades que nunca carne mortal.

En un mundo como este e de palabras el sonido de Jesús viene maravilloso y extraño, una visita desde arriba. Es así que él habló, nadie más podría haberlo hecho así; y es bueno que escuchemos. Sus palabras son una la esencia de la verdad. No está ofreciendo una opinión; 7 Jesús nunca pronunció Comentarios. Él no conjeturaba nunca; Sabía, y él sabe. Sus palabras no son como eran de Salomón, la suma de la sabiduría de sonido o los resultados de la observación aguda. Hablaba de la plenitud de su divinidad, y sus palabras son verdad sí mismo. Él es el único que podría decir "bendecido" con completa autoridad, porque él es el Bienaventurado provienen del mundo anterior para conferir la bendición sobre la humanidad. Y sus palabras fueron apoyadas por hechos más poderoso que cualquier cabo en esta tierra por cualquier otro hombre. Es prudente para nosotros escuchar.

Como a menudo era así con Jesús, usó esta palabra "Mansa" en una breve frase crujiente, y no hasta algún tiempo después pasó a explicarlo. En el mismo libro de Matthew nos dice más sobre él y se aplica a nuestras vidas. "Venid a mí todos vosotros que trabajo están trabajados y cargados y yo os haré descansar. Llevad mi yugo sobre vosotros y aprended de mí; porque yo soy manso y humilde de corazón: y hallaréis descanso para vuestras almas. Porque mi yugo es suave y mi carga es liviana". Aquí tenemos dos cosas en cambio de pie al otro, una carga y un descanso. La carga no es un local, peculiar a los primeros oyentes, sino que corre por toda la raza humana. Se trata no de opresión política o la pobreza o trabajo duro. Es mucho más profundo que eso. Es sentida por los ricos como los pobres porque es algo de que riqueza y la ociosidad no puede nunca nos librará.

La carga por el hombre es un pesado y algo machacante. La palabra Jesús significa una carga llevado o trabajo llevado hasta el punto de agotamiento. Resto es simplemente liberación de esa carga. No es algo que hacemos, es lo que viene a nosotros cuando dejamos de hacerlo. Su humildad, que es el resto.

Examinemos nuestra carga. Es en conjunto un interior. Ataca el corazón y la mente y alcanza el cuerpo sólo desde dentro. En primer lugar, es la carga de orgullo. La labor de amor a uno mismo es pesado de hecho. Pensar por ti mismo si gran parte de tu tristeza no se ha planteado alguien habla con desprecio de ustedes. Como se configura como un pequeño Dios al que usted debe ser leal habrá aquellos que hará las delicias de ofrecer afrenta a su ídolo. Entonces, ¿cómo pueden esperar tener paz interior? Esfuerzo feroz del corazón para protegerse de cada gira, para proteger su honor susceptible de la mala opinión de amigo y enemigo, nunca dejará la mente descanso. Continuar esta lucha a través de los años y la carga se volverá intolerable. Sin embargo, los hijos de la tierra están llevando esta carga continuamente, desafiando cada palabra contra ellos, encogiéndose en cada crítica, smarting bajo cada leve imaginarias, lanzando sin dormir si otro es preferido antes que ellos.

No es necesario tener semejante carga como este. Jesús nos llama a su descanso, y la humildad es su método. El hombre Manso cuida no en el todo que es mayor que él, porque él ha decidido hace mucho tiempo que la estima del mundo no vale la pena. ¿Desarrolla hacia él mismo bondadoso sentido del humor y aprende a decir: "Oh, así que han pasado por alto? ¿Han puesto otra persona antes de? ¿Se susurraban que son cosas bastante pequeñas después de todo? ¿Y ahora te sientes herido porque el mundo está diciendo sobre usted las cosas que ha estado diciendo acerca de ti? Ayer estaban diciendo que Dios era nada, un simple gusano del polvo. ¿Dónde está la coherencia? Vamos, Humíllate y dejan al cuidado de lo que piensan los hombres.

El hombre Manso no es un ratón humano con un sentido de su propia inferioridad. Algo que puede ser en su vida moral como audaz como un León y tan fuerte como Sansón; pero ha dejado de ser engañado sobre sí mismo. Él ha aceptado la estimación de Dios de su propia vida. Él sabe que es débil y desamparado como Dios lo ha declarado, pero paradójicamente, él sabe al mismo tiempo que él está a la vista de Dios de más importancia que los Ángeles. En, sí mismo,,, nada; en Dios, todo. Ese es su lema. Él sabe bien que el mundo va a verlo como Dios lo ve y él ha dejado de cuidar.

Él reclina perfectamente contenido para permitir que Dios Coloque sus propios valores. Él será paciente para esperar el día cuando todo tendrá su propio precio y real valor entrará en su propio. Entonces los justos resplandecerán en el Reino de su padre. Él está dispuesto a esperar ese día.

Mientras tanto él habrá logrado un lugar de descanso del alma. Mientras camina en la mansedumbre será feliz de que Dios lo defienda. Es la vieja lucha para defenderse. Ha encontrado la paz que la humildad trae.

Entonces también él conseguirá liberación de la carga de la pretensión. Con esto quiero decir no de hipocresía, pero el deseo humano común de poner el mejor pie adelante y ide del mundo nuestra pobreza real hacia adentro. Por el pecado ha jugado muchos trucos mal sobre nosotros, y uno ha sido infundir en nosotros un falso sentido de vergüenza. Hay apenas un hombre o mujer que se atreva a ser justo lo que él o ella es sin rascador para la impresión. El temor de ser descubierto ROE como roedores dentro de sus corazones. El hombre de cultura es perseguido por el temor de que algún día vendrá un hombre más cultivada que él. Los temores del sabio para conocer a un hombre más aprendieron de él. El hombre rico suda bajo el temor de que su ropa o su coche o su casa en algún momento hará parecer baratos en comparación con los de otro hombre rico. Denominada "sociedad" corre por una motivación no mayor, y las clases más pobres en su nivel son mucho mejores.

Nadie sonrisa esto. Estas cargas son reales, y poco a poco matan a las víctimas de este mal y antinatural estilo de vida. Y la psicología creada por años de este tipo de cosas hace verdadera mansedumbre parece tan irreal como un sueño, tan distante como una estrella. A todas las víctimas de la enfermedad roedura Jesús dice, "vosotros deben convertirse como niños pequeños. Para los niños no comparan; reciben el goce directo de lo que tienen sin relativos a algo o alguien. Sólo como crecen y pecado comienza a revolver dentro de sus corazones los celos y la envidia aparecen. Entonces son incapaces de disfrutar lo que tienen si alguien tiene algo más grande o mejor. A esa temprana edad la carga mortificante viene a sus almas tiernas, y nunca deja hasta que Jesús les hace libres.

Otra fuente de carga es artificialidad. Estoy seguro que la mayoría viven en secreto temen algún día serán descuidados y por casualidad un enemigo o un amigo pueden espiar en sus pobres almas vacías. Así que nunca están relajados. Personas brillantes son tenso y alerta en el miedo que puede quedar atrapados en decir algo estúpido o común. Viajó gente tiene miedo que cumplen algunos Marco Polo que es capaz de describir algún lugar remoto donde nunca han estado.

Esta condición antinatural es parte de nuestra triste herencia del pecado, pero en nuestros días se ve agravada por nuestra toda forma de vida. Publicidad se basa en gran medida en este hábito de pretensión. Se ofrecen "Cursos" en tal o cual campo del aprendizaje humano francamente apelando al deseo de la víctima para brillar en una fiesta. Se venden libros, ropa y cosméticos son traficadas, jugando continuamente a este deseo de aparecer lo que no somos. Artificialidad es una maldición que caerá lejos el momento en que se arrodilla a los pies de Jesús y nos entrega a su mansedumbre. Entonces no le importa lo que piensan de nosotros que Dios se complace. Entonces qué nos va a ser todo; lo que aparecemos tendrá su lugar lejos hacia abajo en la escala de interés para nosotros. Aparte de pecado no tenemos nada de que avergonzarse. Sólo un mal deseo de brillar hace nos parece que somos.

El corazón del mundo se rompe bajo esta carga de orgullo y pretensión. No hay ninguna liberación de la carga aparte de la mansedumbre de Cristo. Buen razonamiento agudo puede ayudar ligeramente, pero tan fuerte es este vicio que si empujamos una surgirá en otro lugar. A hombres y mujeres en todas partes, dice Jesús, «venid a mí, y te daré descanso. " El resto que ofrece es el resto de la humildad, la relevación bendecida que viene cuando aceptamos a nosotros mismos de lo que somos y dejar de fingir. Tendrá algún valor al principio, pero la gracia necesaria vendrá como nos enteramos de que estamos compartiendo este yugo nuevo y fácil con el fuerte hijo de Dios mismo. Él lo llama "mi yugo", y camina en un extremo mientras caminamos en el otro.

Señor, hazme infantil. Líbrame de las ganas de competir con el otro para el lugar o posición o prestigio. 1 sería simple y sencillo como un niño pequeño. Líbrame de pose y pretensión. Perdóname por pensar o f yo mismo. Me ayude a olvidar a mí mismo y encontrar mi verdadera paz en contemplación a ti. Que tú seas respondo esta oración 1 humilde delante de ti. Pone sobre mí tu yugo fácil de olvidarse de sí mismo que a través de él 1 puede encontrar descanso. Amén.

Capítulo 10

El Sacramento de la vida

Si por lo tanto debéis comen, o beben, o lo que hacéis, todo para la gloria de Dios. 1 Cor. 10:31

Uno de los mayores obstáculos a la paz interna que el cristiano se encuentra es el común hábito de dividir nuestra vida en dos áreas, lo sagrado y lo secular. Como estas áreas están concebidas aparte de uno a y que sea incompatible moralmente y espiritualmente, y como estamos obligados por las necesidades de la vida para siempre cruzar ida y vuelta desde el uno al otro, nuestras vidas internas tienden a romper para que vivir una dividida en lugar de una vida unificada.

Nuestros problemas surge del hecho de que tenemos que seguir a Cristo habitan a la vez dos mundos, el espiritual enviar el natural. Como hijos de Adán vivimos nuestras vidas en la tierra sujeto a las limitaciones de la carne y las debilidades y males que la naturaleza humana es heredero. .

Simplemente vivir entre los hombres nos exige años de trabajo duro y mucho cuidado y atención a las cosas de este mundo. En contraste con esto es nuestra vida en el espíritu. Allí disfrutamos de mayor y otro tipo de vida; somos hijos de Dios; poseen estado celestial y disfrutar de una comunión íntima con Cristo.

Esto tiende a dividir nuestra vida en dos departamentos. Inconscientemente venimos a reconocer dos conjuntos de acciones. Los primeros se realizan con una sensación de satisfacción y una garantía firme de que son agradables a Dios. Estos son los actos sagrados y se piensan generalmente para ser oración, lectura de Biblia, canto del himno, asistencia a la iglesia y tales otros actos como la primavera de fe. Puede ser conocidos por el hecho de que no tienen ninguna relación directa a este mundo y no tiene sentido lo que menos que fe nos muestra otro mundo, "una casa no hecha con manos, eterna en los cielos".

Frente a estos actos sagrados son seculares. Incluyen todas las actividades ordinarias de la vida que compartimos con los hijos e hijas de Adán: comer, dormir, trabajar, cuidar de las necesidades del cuerpo y funciones nuestro aburrido y prosaico aquí en la tierra. Estos a menudo hacemos a regañadientes y con muchas dudas, a menudo pedir perdón a Dios por lo que consideramos una pérdida de tiempo y fuerza. El resultado de esto es que somos inquietos la mayor parte del tiempo. Vamos sobre nuestras tareas comunes con un sentimiento de profunda frustración, nos dice pensativa que hay un día mejor que cuando se slough off Esta cáscara terrenal y ser molestados no más con los asuntos de este mundo.

Esta es la vieja antítesis sagrado secular. Mayoría de los cristianos está atrapada en su trampa. No pueden conseguir un ajuste satisfactorio entre los reclamos de los dos mundos. Tratan de caminar la cuerda floja entre dos reinos y se encuentra no hay paz en cualquiera. Se reduce su fuerza, su perspectiva confusa y su alegría de ellos.

Creo que este estado de cosas totalmente innecesario. Nosotros mismos hemos conseguido en los cuernos de un dilema, de verdad, pero el dilema no es real. Es una criatura de malentendido. La antítesis del Sagrado secular no tiene fundamento en el nuevo testamento. Sin duda un más perfecto conocimiento de la verdad cristiana nos entregará de él.

El mismo Señor Jesucristo es nuestro ejemplo perfecto, y él no sabía vida dividida. En presencia de su padre vivió en la tierra sin variedad de infancia hasta su muerte en la Cruz. Dios aceptaron la ofrenda de su vida total y no hizo ninguna distinción entre acto y acto. "Hacer siempre lo que él," fue su breve resumen de su propia vida como relaciona con el padre. Pues él se movió entre los hombres fue preparada y tranquila. Qué presión y sufrimiento soportó creció fuera de su posición como portador de pecado del mundo; nunca fueron el resultado de la incertidumbre moral o desajuste espiritual.

Exhortación de Paul a "hacer todo para la gloria de Dios" es más piadoso idealismo. Es una parte integral de la revelación sagrada y debe ser aceptada como la palabra de verdad. Se abre ante nosotros la posibilidad de hacer cada acto de nuestras vidas contribuyen a la gloria de Dios. No debemos ser demasiado tímidos para incluir todo, Paul menciona específicamente el comer y beber. Este humilde privilegio que compartimos con las bestias que perecen. Si estos actos animales humildes pueden realizarse así como a honrar a Dios, se hace difícil concebir que no se puede.

Ese odio monacal del cuerpo que figura tan prominentemente en las obras de algunos escritores devocionales tempranos es totalmente sin apoyo en la palabra de Dios. Modestia común se encuentra en las Sagradas Escrituras, es verdad, pero nunca mojigatería o un falso sentido de vergüenza. El nuevo testamento acepta como evidente que en su encarnación, nuestro Señor tomó sobre sí un cuerpo verdadero humano, y ningún esfuerzo se hace para dirigir en las mesma implicaciones de este hecho. Vivió en ese cuerpo aquí entre los hombres y ni una sola vez realiza un acto No sagrado. Su presencia en carne humana barre lejos para siempre el mal concepto que hay sobre el cuerpo humano naturalmente ofensivo a la Deidad. Dios creó nuestros cuerpos, y no ofenderlo, colocando la responsabilidad donde corresponde. Él no está avergonzado de la obra de sus manos.

Perversión, abuso y uso indebido de nuestras facultades humanas nos deben dar causa suficiente para avergonzarse. Actos corporales realizados en pecado y contrario a la naturaleza no pueden honrar a Dios. Donde la voluntad humana introduce moral que mal tenemos ya no nuestros poderes inocentes e inofensivos como Dios los hizo; en su lugar tenemos algo retorcido y maltratado que nunca puede traer gloria a su creador.

Sin embargo, asumamos que la perversión y el abuso no están presentes. Pensemos un cristiano creyente en cuya vida se han forjado las maravillas gemelas de arrepentimiento y nuevo nacimiento. Ahora vive según la voluntad de Dios como él lo entiende de la palabra escrita. De tal puede decirse que cada acto de su vida es o puede ser como verdaderamente sagrado como oración o bautismo o la cena del Señor. Decir esto no es traer todos los actos hasta uno muerto nivel; es más bien para levantar cada acto en un reino de vida y la vida entera en un sacramento.

Si un Sacramento es una expresión externa de una gracia interna que necesitamos no dudamos en aceptar la tesis anterior. Por un acto de consagración de nuestro ser total a Dios podemos hacer que cada acto posterior expresar esa consagración. No necesitamos avergonzarnos de nuestro cuerpo-el criado carnal que nos lleva a través de lifethan que Jesús era de la humilde bestia que él entró en Jerusalén. "El baño del Señor necesitan de lo" bien puede aplicarse a nuestros cuerpos mortales. Si Cristo Mora en nosotros podemos tener sobre el Señor de la gloria como lo hizo la pequeña bestia de la vieja y dar ocasión a la multitud a gritar, "¡ Hosanna en las alturas."

No basta con que veamos esta verdad. Si escaparía de los trabajos del dilema secular sagrados la verdad deben "ejecutar en nuestra sangre" y condicionan la tez de nuestros pensamientos. Que practicamos viviendo para la gloria de Dios, realidad y determinadamente. Por la meditación sobre esta verdad, por hablar con Dios a menudo en nuestras oraciones, recordando a nuestras mentes con frecuencia como movimiento de entre los hombres, un sentido de su significado maravilloso comenzará a apoderarse de nosotros. La vieja dualidad dolorosa pasará antes una unidad descansa de la vida. El conocimiento de que somos de Dios, que ha recibido todo y rechazado nada, unificará nuestra vida interior y todo lo sagrado para nosotros hacer.

Esto no es absolutamente todo. Hábitos de larga data no mueren fácilmente. Tendrá pensamiento inteligente y una gran cantidad de oración reverente para escapar completamente de la psicología sacredsecular. Por ejemplo puede ser difícil para el cristiano promedio conseguir la idea que se pueden realizar sus labores diarias como actos de adoración aceptable a Dios por Jesucristo. La vieja antítesis que surgen en la parte posterior de la cabeza a veces a perturbar su tranquilidad. Ni esa serpiente antigua diablo tome todas esta acostado. Él estará allí en la cabina o en el escritorio o en el campo para recordar al cristiano que está dando la mayor parte de su tiempo a las cosas de este mundo y asignar a sus deberes religiosos sólo una parte insignificante de su tiempo. Y si no se tiene mucho cuidado esta voluntad crear confusión y desaliento y pesadez de corazón.

Podemos cumplir esto con éxito sólo por el ejercicio de una fe agresiva. Debemos ofrecer todos nuestros actos a Dios y creer que él acepta. Continuación, mantenga firmemente a que la posición y seguir insistiendo en que cada acto de cada hora del día y noche incluidos en la transacción. Seguir recordando a Dios en nuestros tiempos de oración privada que entendemos todo acto para su gloria; entonces complementar aquellos tiempos por 1 mil pensamiento-oraciones a medida que avanzamos sobre el trabajo de la vida. Debemos practicar el arte de hacer cada trabajo una ministración sacerdotal. Creen que Dios está en todos nuestros actos simples y aprender a encontrarlo allí.

Concomitante del error que hemos estado debatiendo es la antítesis del Sagrado secular aplicada a lugares. Es poco menos asombroso que podemos leer el nuevo testamento y todavía creen en la santidad inherente de lugares diferente de otros lugares. Este error está tan extendido que uno se siente solo cuando trata de luchar contra él. Ha actuado como una especie de tinte para colorear el pensamiento de personas religiosas y ha coloreado los ojos, así que es casi imposible detectar su falacia. Ante cada nuevo testamento enseñando lo contrario, se ha dicho y cantado a lo largo de los siglos y aceptado como una parte del mensaje cristiano, el que seguramente no lo es. Sólo los cuáqueros, la medida en que va mi conocimiento, han tenido la percepción para ver el error y el valor para exponerlo.

Aquí están los hechos como los veo. Por cuatrocientos años Israel tenía habitaba en Egipto, rodeado de la idolatría crassest. De la mano de Moses fueron traídos hacia fuera en el último y empezó hacia la tierra de promisión. La idea de santidad había sido perdida para ellos. Para corregir esto, Dios comenzó en la parte inferior. Él mismo localizada en la nube y fuego y más adelante cuando se había construido el tabernáculo vivía en manifestación ardiente en el lugar Santísimo. Por innumerables distinciones Dios enseñó a Israel la diferencia entre Santo y profano. Hubo días santos, los vasos Santos, sagradas vestiduras. Allí fueron lavados, sacrificios, ofrendas de muchas clases. Por estos medios, Israel aprendió que Dios es santo. Esto fue lo que él les estaba enseñando. No la santidad de las cosas o lugares, pero la santidad de Jehová fue la lección que deben aprender.

Llegó el gran día cuando Cristo se le apareció. Inmediatamente comenzó a decir, "Habéis oído que fue dicho por ellos del viejo 1 tiempo, pero os digo". Terminó la enseñanza del Antiguo Testamento. Cuando Cristo murió en la Cruz el velo del templo era Alquiler de arriba a abajo. El lugar Santísimo fue abierto a todos los que entrarían en la fe. Palabras de Cristo eran recordados, "la hora viene, cuando os serán ni en este monte, ni aún en Jerusalén adoran al padre... Pero la hora viene y ahora es, cuando los verdaderos adoradores adorarán al padre en espíritu y en verdad: porque el padre busca a tales para adorarlo. Dios es espíritu, y los que lo adoran deben adorarlo en espíritu y en verdad.

Poco después, Paul tomó el grito de libertad y declaró que todas las carnes limpias, cada día santo, todos los lugares sagrados y cada acto aceptable a Dios. La santidad de los tiempos y lugares, una penumbra necesaria a la educación de la raza, falleció antes de que el sol completo de adoración espiritual.

La espiritualidad esencial de la adoración mantuvo la posesión de la iglesia hasta que perdía lentamente con el paso de los años. Entonces la legalidad natural de los corazones caídos de los hombres comenzó a introducir las distinciones edad. El vino de la iglesia para observar otra vez días y estaciones y tiempos. Algunos lugares fueron elegido y marcado hacia fuera como Santo en un sentido especial. Se observaron diferencias entre uno y otro día, lugar o persona. "Los sacramentos" fueron dos, luego tres, luego cuatro hasta que con el triunfo del romanismo se fijaban a las siete.

En todos la caridad y con ningún deseo de reflejar franqueza a un cristiano, sin embargo engañado, le señalo que la Iglesia Católica Romana representa hoy la herejía sagrado secular llevada a su conclusión lógica. Su efecto más mortífero es la escisión completa que presenta entre la religión y la vida. Sus profesores intentan evitar esta trampa por muchas notas al pie y explicaciones multitudinarias, pero el instinto de la mente lógica es demasiado fuerte. En la vida práctica la ruptura es un hecho.

De esta servidumbre los reformadores y puritanos y místicos han trabajado para nosotros. Hoy en día la tendencia en los círculos conservadores vuelve hacia esa esclavitud. Se dice que un caballo después de que ha sido llevado fuera de un edificio en llamas a veces por una extraña obstinación rompa con su Salvador y el dash en el edificio nuevo a perecer en la llama. Por algunos tan obstinada tendencia error fundamentalismo en nuestros días se mueva hacia atrás la esclavitud espiritual. La observación de los tiempos se está convirtiendo en cada vez más prominente entre nosotros. "Cuaresma" y "Semana Santa" y "bueno" el viernes es palabras escuchados más frecuentemente en los labios del Evangelio los cristianos. No sabemos cuando estamos bien.

Para que yo puede ser entendido y no ser mal entendido tiro de relieve las implicaciones prácticas de la enseñanza para la que he argumentado, es decir, la calidad sacramental de la vida de cada día. Frente a sus significados positivos me gustaría señalar algunas cosas que no significa.

No significa, por ejemplo, que todo lo que hacemos es de igual importancia con todo lo que hacen o pueden hacer. Un acto de la vida de un hombre bueno puede diferir ampliamente de otra importancia. Costura de Paul de tiendas no era igual a su redacción de una epístola a los romanos, pero ambos fueron aceptados de Dios y ambos eran verdaderos actos de culto. Sin duda es más importante llevar a un alma a Cristo que al plantar un jardín, pero la plantación del jardín puede ser como Santo un acto como la ganadora de un alma.

Otra vez, no significa que cada hombre es tan útil como todos los otros hombres. Regalos diferencian en el cuerpo de Cristo. Un Billy Bray no debe ser comparada con un Lutero o un Wesley de gran utilidad a la iglesia y al mundo; pero el del hermano menos dotado es tan pura como la de los más dotados, y Dios acepta ambos con igual placer.

El "laico" no pensemos de su humilde tarea es inferior a la de su ministro. Que cada hombre permanece en la llamada en donde le llaman y su trabajo va a ser tan sagrado como la obra del Ministerio. Es no lo que un hombre hace que determina si su trabajo es sagrado o secular, es por qué lo hace. El motivo lo es todo. Que un hombre santifique al Señor Dios en su corazón y después de eso no puede hacer ninguna ley común. Todo lo que hace es bueno y aceptable a Dios por medio de Jesucristo. Para un hombre, vivir sí mismo será sacramental y el mundo entero un santuario. Toda su vida será un ministerio sacerdotal. Como él realiza su tarea nunca tan sencillo escuchará la voz de los serafines diciendo: "Santo, Santo, Santo es Jehová de los ejércitos: toda la tierra está llena de su gloria."

Señor, confío en ti totalmente; Sería en conjunto tuyo; Yo sobre todo te exaltan. Deseo que yo no puedo sentirme sentido de poseer nada fuera de ti. Quiero siempre ser consciente de tu presencia notable y escuchar tu voz. Me largo a vivir en el relajante sinceridad de corazón. Quiero vivir tan plenamente en el espíritu que como dulce incienso ascendente a ti mi pensamiento y cada acto de mi vida puede ser un acto de adoración. Rogad, pues, en las palabras de tu gran siervo, "te ruego por lo tanto para limpiar la intención de mi corazón con el don inefable de tu gracia, que puede perfectamente te amo y dignamente alabar a ti." Y todo esto con confianza creo serás me concedas por los méritos de Jesucristo tu hijo. Amén.

Sobre el autor

Aiden Wilson Tozer (21 de abril de 1897-12 de mayo de 1963) fue un pastor Cristiano estadounidense, predicador, autor, editor de la revista y mentor espiritual. Por su trabajo, recibió dos doctorados honoris causa.

Made in the USA
Columbia, SC
16 January 2023

10412081R00055